POLYGLOTT on tour

Frauke Burian

Athen

Top 12

besonderer Tipp

Warnung

Info

Hinweis

Restaurant

Unterkunft

Nightlife

Shopping

Literatur

Allgemeines

9 Wege durch Athen

Ein Plausch vor der Akropolis

Bildnachweis

Alle Fotos Martin Kirchner außer Bildarchiv Steffens/Ladislav Janicek: 41; Manuela Blisse/Uwe Lehmann: 33-2; Rainer Hackenberg: 38-1, 65, 90; laif/Heuer: 10; laif/Gernot Huber: 92; laif/Martin Kirchner: 6, 7, 57; laif/On Location: 96; laif/On Location/Stavrakis: 8, 9; Nationalmuseum Athen: 23-1, 87, Umschlag Rückseite (unten); psirri-online/Epistrofo: 11; Ernst Wrba: 13, 14, 19-2, 35, 59, 64, 89; Titelbild: LOOK/Aldo Acquadro.

Von Sophokles bis Strawinsky

Das Programm bekommt man ab Mitte April bei der **Griechischen Zentrale für Fremdenverkehr (EOT),** Tsoha 4, Tel. 21 08 70 70 00, info_desk@gnto.gr.

▮ Den aktuellen Spielplan veröffentlicht die wöchentlich erscheinende deutschsprachige »Athener Zeitung« (www.athener-zeitung.com).

▮ Eintrittskarten kauft man im **Vorverkaufsbüro** Panepistimiou 39 (in der Arkade; Ticketservice: Tel. 21 09 28 29 00; www.hellenicfestival.gr).

Es gibt viele gute Gründe für eine Reise nach Athen. Einer davon könnten die Athener Festspiele sein, die seit 1955 jedes Jahr in den Sommermonaten stattfinden. Von Juni bis in den Oktober hinein geben bekannte nationale und internationale Bühnen und Künstler Gastspiele im Herodes-Attikus-Theater (Herodion) am Fuße der Akropolis. Von Oper über Ballett, Theater oder auch Konzerten mit klassischer sowie Rock- und Popmusik wird ein abwechslungsreiches Programm geboten. Wer in dieser Zeit in Athen ist, sollte sich unbedingt einen Abend für eine Klassikeraufführung freihalten, selbst wenn man kein Wort Griechisch versteht.

Allein schon die traumhafte Kulisse des ca. 5000 Sitzplätze bietenden Amphitheaters mit der erleuchteten Akropolis im Hintergrund und der unvergängliche Geist dieses antiken Ortes machen den Abend für alle Besucher sicher zu einem unvergesslichen Erlebnis.

Domingo, Bocelli, Theodorakis ...

Aber es werden nicht nur antike Tragödien und Komödien gespielt; auf dem Festspielprogramm stehen auch Sinfoniekonzerte, Ballett und Opern. Seit einigen Jahren ist im Herodion ohnehin eine stärkere Hinwendung zur Musik festzustellen. Die antiken Dramen von Äschylos, Aristophanes oder Sophokles werden nach Epidauros »ausgelagert« und in dem berühmten Amphitheater – einer großartigen Kulisse für jedes antike Drama – aufgeführt. Organisierte Fahrten dorthin bietet jedes Athener Reisebüro an, ebenso zum »Musikalischen Juli«, der an den vier Juli-Wochenenden im kleinen antiken Theater von Epidauros stattfindet (Schiffsverbindung vom Trocadero-Kai in Faliro). Im Herodion traten unter anderem schon Placido Domingo, José Carreras, Luciano Pavarotti, Andrea Bocelli und – fast jedes Jahr – Mikis Theodorakis mit Sängerin Maria Farantouri auf, ferner die Dirigenten Lorin Maazel und Riccardo Muti.

Rock und Pop auf dem Lykabettos

Seit einigen Jahren wird auch das Freilichttheater auf dem Lykabettos-Hügel verstärkt für die Aktivitäten des Athen Festivals eingebunden. Hier finden zwischen Mai und September die Konzerte der bekannten griechischen Musiker wie Georgos Dalaras, Vassilis Papakonstantinou oder Anna Vissi statt sowie Auftritte großer internationaler Stars. So begeisterten 2004 die Scorpions, Bryan Ferry oder Al di Meola die Zuschauer.

Karten für die Konzerte des Lykabettos-Festivals erhält man telefonisch unter 21 07 22 72 33 oder bei Tickethellas, Tel. 21 06 18 93 00.

Neben der Musik genießt man von hier oben einen herrlichen Panoramablick über die ganze Stadt. Doch auch abseits der großen Festivals blühen in Athen immer mehr engagierte, kleine Initiativen auf. So gibt es seit kurzem eine Internetseite aus Athen, www.classicalmusic.gr, deren Initiatoren inzwischen auch Klassik-Konzerte, beispielsweise in Athener Kirchen veranstalten. Brandneu ist auch das Athens Video Art Festival, das im April 2005 zum ersten Mal im Szene-Viertel Psirri veranstaltet wurde.

Wer nicht während der Festspiele in Athen sein kann, muss nicht auf einen Abend im **Herodes-Attikus-Theater** verzichten. Denn es finden auch außerhalb des Festivalbetriebs häufig Konzerte statt. (Tickets und Informationen erhält man direkt an der Kasse des Theaters oder an der zentralen Festivalkasse, Panepistimiou 39.

Nach der Vorstellung gehen die Athener gerne ins nahe **Strophi** an der Rovertou Galli/Ecke Propylaion, von dem man einen großartigen Blick auf die illuminierte Akropolis hat. Die Taverne ist auch bevorzugter Treffpunkt der Schauspieler des Herodion.

Kultur in der Metro

Endlich war es so weit: Nach fast neun Jahren Bauzeit konnten Staatspräsident Stephanopoulos und Ministerpräsident Simitis pünktlich zum Beginn des Jahres 2000 die lang ersehnte Athener Metro eröffnen (U-Bahn-Plan: s. Umschlag hinten). Die Übergabe wurde zu einem Volksfest. Hunderttausende Athener nutzten an diesem Tag die Gelegenheit, per Freifahrtschein die modernen silbergrauen Züge in Besitz zu nehmen. Für die Zukunft erhofft man sich, dass täglich knapp eine halbe Million Menschen mmit der U-Bahn fahren werden. Das chronische Verkehrschaos auf Athens Straßen soll der Vergangenheit angehören.

Neue alte U-Bahn

Modernisiert wurde auch die alte Metro, die Athen mit Piräus und dem nördlichen Nobelvorort Kifisia verbindet. Sie wurde bereits 1869 eröffnet und ist damit eine der ältesten U-Bahnen Europas. Allerdings sind nur drei ihrer 22 Stationen unterirdisch. Die neuen Linien dagegen verlaufen gänzlich unter der Erde.

Gerade das aber brachte unvorhergesehene Schwierigkeiten mit sich, die das Großprojekt immer wieder verzögerten. Häufig musste das geplagte Baukonsortium die Erdarbeiten stoppen lassen, weil man in dem historischen Terrain alle naselang auf Antikes stieß. Gelegentlich mussten sogar ganze Streckenführungen kurzfristig geändert werden. Das kostete Zeit, Geld und Nerven. Außerdem schlugen die Archäologen Alarm, weil sie die antike Gräberstraße des Friedhofs Kerameikos durch die Bohrungen gefährdet sahen. Sie mussten auch zu jedem Fund antiker Überreste hinzugezogen werden. Heute sind es aber gerade diese Antiken, die eine Fahrt durch die Athener Unterwelt so überaus reizvoll machen. So kann man z.B. an der Sintagma-Station Vasen, Mosaike und sogar Grabstätten besichtigen.

Museen unter der Erde

Die neue U-Bahn gibt Athen ein modernes Gesicht. Das Unverwechselbare sind aber die an die große Vergangenheit erinnernden archäologischen Funde, die in mehreren U-Bahnhöfen ausgestellt sind. Der Metrobau ist zugleich die größte archäologische Ausgrabung, die in den letzten Jahrzehnten in Athen stattfand. Er förderte Zehntausende antiker Stücke zutage. Manche Altertümer beließ man dort, wo man sie gefunden hatte.

So sieht man in der Station **Sintagmaplatz** (Linie 2 und 3) hinter dickem Panzerglas einen Teil eines Aquädukts und mehrere Gräber aus dem 5. und 4. vorchristlichen Jahrhundert. Die übrigen antiken Stücke – Kapitelle, Amphoren, Mosaiken, Öllämpchen sowie Grabstelen aus den verschiedenen Epochen – sind wie in einem Museum in elf Vitrinen ausgestellt. Eindrucksvoll ist auch die moderne Installation von Giorgios Zongolopoulos, die in einem 27 m tiefen Schacht installiert ist: An unsichtbaren Drähten sind bunte Schirme und Leitern aufgehängt, die sich bei der Vorbeifahrt der Züge bewegen.

Interessante Kleinfunde aus allen Epochen werden auch in der Station **Panepistimiou** der Linie 2 präsentiert.
Wer an der Station **Akropolis** der Linie 2 aussteigt, wird mit Marmorbüsten, Tonamphoren und Abgüssen vom Ostgiebel des Parthenon auf den Besuch des Parthenon eingestimmt.

Andere Bahnhöfe schmücken sich mit historischen Athen-Fotos oder den Werken bekannter griechischer Künstler, u. a. des Bildhauers Takis (Station **Syngrou-Fix,** Linie 2) sowie der Maler Jannis Moralis (**Panepistimiou,** Linie 2), Alekos Fassianos (**Metaxourgio,** Linie 2) und Pavlos (**Omonia,** Linie 1 und 2). In den »Museen unter der Stadt« ist für jeden etwas dabei.

Da alle Ausstellungsgegenstände in den Bahnhöfen präsentiert werden, braucht man nicht einmal ein Ticket zu lösen. Die Reise durch eine jahrtausendealte glorreiche Vergangenheit ist ganz umsonst.

In-Treff Psirri

Wo liegt Psirri? Noch vor wenigen Jahren wäre diese Frage durchaus berechtigt gewesen. Damals war das vernachlässigte Athener Altstadtviertel nördlich von Monastiraki, zwischen den Straßen Ermou, Athinas und Evripidou, völlig unbekannt. Selbst die Athener verirrten sich selten hierher. Wenn man in die Altstadt zum Essen ging, dann in die Restaurants der benachbarten Plaka. Heute pilgern alle in die Lokale von Psirri, das der Plaka eine ernsthafte Rivalin geworden ist. Mit seinem subtilen Charme ist es dabei, zu einem der attraktivsten Viertel Athens zu werden. Psirri ist in Mode gekommen; für viele Athener ist es bereits das »Soho von Athen«. Psirri sprüht nur so vor Aktivität; von Touristen wird es noch nicht so häufig besucht.

Eine erstaunliche Karriere

Psirri liegt voll im Trend.Dabei sind es weniger die Touristen, die abends durch die Gassen des ehemaligen Handwerkerviertels bummeln, als vielmehr die junge Athener Szene, die in Mezedopolia, Bars und Clubs strömt. Touristen wundern sich am Abend eher über die leeren Restaurants, doch das ändert sich zu späterer Stunde recht schnell. Genauso wie die Szene. Was letzten Sommer noch in war, kann jetzt schon out oder geschlossen sein. Aber genauso schnell werden neue Läden aufgemacht. So ist im vormals angesagten Ruby Club nun das **Hytra** (Nouarchou Apostoli 7) und in den sehr schönen, hohen Räumen des Agrotikon das **Akri** (Tournavitou 6), ein Ableger eines Trend-Restaurants aus Mykonos, eingezogen.

- Psirri stellt sich auch auf einer eigenen Internetseite vor: **www.psirri.gr**

- **Gelatomania,** Taki 21. Schicke Eisdiele.
- Auf alle möglichen Muschelgerichte hat sich das Bar-Restaurant **Avalon** spezialisiert. Sehr lecker: Muscheln mit Zitronen und Sellerie. Leokoriou 20/Sarri, Tel. 21 03 31 05 72.
- **Godzila,** Riga Pallamidou 5. Sushi ist stark im Kommen und das Godzila ist eine der beliebtesten Sushi-Bars; nur abends geöffnet.

Die Szene zog nach Psirri

Wegen der niedrigen Mieten zogen besonders viele junge Leute hierher, vorwiegend Künstler, Schriftsteller und Jungunternehmer, die sich hier eine selbständige Existenz aufbauten. Sie kauften die heruntergekommenen neoklassizistischen Häuser und restaurierten sie mit viel Sorgfalt im Detail. So ist Psirri liebens- und lebenswert geworden. Viele Gebäude erstrahlen schon in neuem Glanz. Und viele erzählen eine Geschichte. So wurde in dem Haus Odos Ogigou 13 Emanuel Benakis geboren, dessen Nachkommen Athen das Benaki-Museum verdankt. Und so ist es kein Zufall, dass die Islamische Sammlung des Benaki-Museums, eine der bedeutendsten der Welt, ihre Heimstatt in Psirri gefunden hat: in einem restaurierten Altbau an der Ecke Assomaton/Dipilou.

- Eine gelungene Mischung aus Bar, Restaurant und Lounge, gut auch für einen Hamburger oder einen Cocktail zu späterer Stunde, ist das **Orgy** (Ecke Lepeniotou 22 & Ogygou).
- Ebenfalls schick und mit mediterraner Küche das **Vanilla** (Sarri 37).

Die schmalen Gehwege säumen Straßencafés und Tavernen, die ebenso wie die zahlreichen Galerien gleichsam über Nacht aus dem Boden schossen. Trotz des rasanten Fortschritts ist die Vergangenheit präsent geblieben. Eine Zukunft Psirris als reines Vergnügungsviertel, wie es die Plaka ist, ist in manchen Straßen nicht auszuschließen. Noch jedoch ist Psirri vielmehr Wohngegend, Vergnügungsviertel und Arbeitsplatz in einem. Wenn man durch die Straßen streift, steht man plötzlich vor Werkstätten, in denen getöpfert und geschreinert, geschustert oder geglasert wird. Viele Handwerkssparten sind vertreten. Die meisten Handwerker stellen ihre Waren für den kleineren Einzelhandel her.

Am Nachmittag und am frühen Abend sitzt man besonders stimmungsvoll im **Taki 13** (Taki 13, Tel. 21 03 25 47 07), das für seine Mezedes (Vorspeisen) bekannt ist. Abends, am Wochenende schon nachmittags, treten Sänger auf und tragen griechische Lieder vor; manchmal wird auch Rock oder Jazz gespielt.

Im Frühjahr 2004 verschlug es Stephanie Kordas und ihre Schwester Phyllis von Kos nach Athen. In ihrem kleinen bunten Shop **Metamorphosis** fertigen und verkaufen sie nun Schalen aus Pappmaché, Schmuck aus altem Glas, das sie am Strand finden und reparieren, und bemalen weggeworfene Möbel. (Christokopileou 10, Tel. 21 03 23 91 17, Di–Do abends geöffnet, Fr und Sa 12–24, So 10–18 Uhr, im Sommer auch länger).

Zeitgemäßes Kunsthandwerk gibt es bei **Things:** Schräge Objekte wie Acrylbilder und witzige Accessoires von jungen Künstlern (Karaiskaki 35, Tel. 21 03 23 34 00).

Athen – eine echte Herausforderung

Athen hat in den über drei Jahrtausenden seines Bestehens alle Höhen und Tiefen durchmessen – in den letzten Jahrhunderten wohl vorwiegend letztere. Was dieser rastlosen Stadt aber nie abhanden gekommen ist, sind Energie und Lebensfreude, Selbstbewusstsein sowie die Fähigkeit, aus dem Nichts, wie Phönix aus der Asche, zu einer Weltstadt aufzusteigen.

Lage und Größe

Das Häusermeer der griechischen Vier-Millionen-Metropole nimmt das riesige Attische Becken ein und lässt sich auch von den Hängen der Gebirgszüge, die es auf drei Seiten umschließen, nicht mehr aufhalten. Im Südwesten ragt der Athener Hausberg Hymettos (Imittos; 1026 m) auf, im Norden der bewaldete Parnes (1413 m) und im Nordosten der Penteli (1109 m), dessen berühmte Marmorbrüche in der Antike den weißen Stein für die Bauten der Akropolis lieferten.

Athen ist längst eins geworden mit seinem Hafen Piräus und den südlichen Küstenvororten, die sich fast bis hin zum Kap Sounion erstrecken. Inzwischen frisst sich die kaum mehr überschaubare Stadtlandschaft von der Saronischen Küste bis zum Golf von Euböa vor.

Das klingt womöglich abschreckend, ist aber auch nur die halbe Wahrheit, denn das Zentrum der Stadt ist vergleichsweise klein und übersichtlich. Athen ist eine Stadt der kurzen Wege, in der man alle Sehenswürdigkeiten zu Fuß erreichen kann.

Klima und Reisezeit

Im Frühjahr ist es noch nicht so heiß, und die Vegetation steht in voller Pracht; allerdings kann es im April noch ab und zu regnen. Ab Mitte Juni steigen die Temperaturen. Problematisch wird es im Juli und August, wenn das Thermometer oft bis auf 40 °C klettert. Der mörderische, mit hoher Luftfeuchtigkeit und Smog einhergehende Hitzestau treibt dann selbst die Athener aus der Stadt. Sie fliehen in die Provinz oder auf eine der vielen Inseln – oft in ihr Heimatdorf – oder verbringen den Hochsommer in den

Klima und Reisezeit

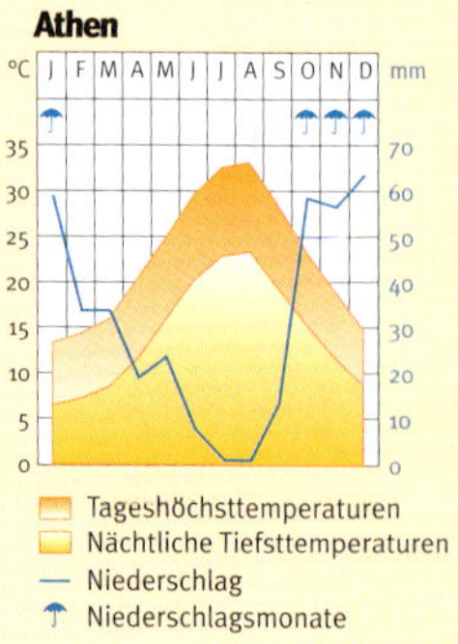

Nur ein kleiner Ausschnitt aus dem gewaltigen Stadtpanorama

etwas kühleren nördlichen Vororten. September und Oktober sind für die Stadtbesichtigung ebenso ideal wie für Badeferien an der nahen Küste. Das Wasser ist noch warm, der Himmel blitzblau und wolkenlos, das Wetter insgesamt viel beständiger als im Frühjahr. Auch der November hat meist warme Spätsommertage; man kann tagsüber noch im Freien sitzen, oft bis Mitte Dezember. Und vor allem hat man die Akropolis fast für sich allein. Unfreundlich zeigt sich das Wetter zwischen Januar und März. Dann regnet es ausgiebig, und ein eisiger Nordwind fegt die Straßen blank.

Die beste Zeit für einen Aufenthalt in der mit Abstand größten Stadt Griechenlands sind die Monate April/Mai und die Zeit von September bis Mitte November.

Umwelt

Die Olympischen Spiele 2004 haben Athen verändert. Überall wurde gebaut, saniert und renoviert, beim Gang durch die Stadt musste man Hunderte von Umleitungen, Absperrungen, Baukräne und sonstige Unbequemlichkeiten oder Enttäuschungen wie die Aussage »geschlossen bis 2004« hinnehmen. Die Stadt wollte sich nicht blamieren, und allen Unkenrufen zum Trotz wurde alles rechtzeitig fertig.

Erkennbar im Hinblick auf die Spiele zeichnete sich auch ein Stimmungsumschwung im Umweltschutz ab, der in den neunziger Jahren noch kein Thema war. Nicht nur die Anzahl der Umweltorganisationen ist in den letzten Jahren sprunghaft in die Höhe geschnellt, auch die Parteien befassen sich verstärkt mit grünen Themen. So verabschiedete 2001 die Linksallianz (SYN) ein 10-Punkte-Programm ökologischer Prioritäten. Darin enthalten sind u. a. Müllbeseitigung, Schutz der Wälder und ein verstärkter Ausbau biologischer Landwirtschaft – die Nachfrage nach Bioprodukten steigt. Doch generell steckt der Umweltgedanke in Griechenland noch in den Kinderschuhen. Müll trennt man nicht, lässt den Motor im Stand laufen und schmeißt seinen Dreck auch gern einfach in die Landschaft.

Und so bleibt weiterhin viel zu tun. Eines der größten Probleme ist noch immer die Wasserverschmutzung im Saronischen Golf; besonders betroffen sind die Gewässer um Piräus bis Eleusis und um Salamis. Erst ab Glifada wird das Wasser sauberer, ab hier kann man ungefährdet baden. Die Hauptschuld an der Verschmutzung tragen die gewaltigen Massen von Haushalts- und Industrieabwässern, die noch immer ungeklärt ins Meer fließen. Diese unverantwortliche Entsorgung bereitete den Griechen seit langem große Sorgen. Die Regierung hat denn auch in den letzten Jahren einige der längst überfälligen Projekte angepackt, das Müllproblem aber nur unzureichend gelöst. Jetzt erhofft man sich bessere Resultate von einem neu verabschiedeten Gesetz.

15 000 Taxen fahren in Athen

Eine traurige Bilanz

Ein großes Problem sind die alljährlich in schöner Regelmäßigkeit ausbrechenden Waldbrände, die die Berge um Athen noch kahler machen. Die Feuer sind zum Teil durch Unachtsamkeit verursacht, mehr aber wohl auf Brandstiftung von Grundstücksspekulanten zurückzuführen. Noch niemals zuvor waren die Ausmaße der Waldbrandkatastrophen so verheerend wie in den trocken-heißen Sommern 1998 und 2000. Die Situation in Attika war derart dramatisch, dass in manchen Gebieten der Ausnahmezustand ausgerufen werden musste. Die Feuerfronten breiteten sich bis in die nordöstlichen Vororte Athens aus. Tausende Menschen mussten evakuiert werden. 6000 ha Pinienwald fielen den Flammen zum Opfer – ein Schaden, der erst in Jahren behoben sein dürfte.

»In Athen muss man sich das Atmen abgewöhnen«, sagte vor 25 Jahren Eleni Vlachou, die couragierte Verlegerin der Tageszeitung *Kathimerini.* Nachdem die Maßnahmen gegen die Luftverschmutzung – Verlagerung von Industrien, Verbannung der Autos aus der Altstadt, Fußgängerzonen – bis in die 1990er Jahre ohne rechten Erfolg geblieben waren, sah sich die Regierung zu einer drastischen Vorgehensweise herausgefordert und setzte eine Sommersmogverordnung in Kraft.

Um den chaotischen Verkehr besser unter Kontrolle zu bringen, wurden Busspuren und Parkstreifen mit Parkuhren angelegt – etwas völlig Neues für die gebeutelten Athener. Falschparker werden mittlerweile erheblich zur Kasse gebeten. Schließlich wird überlegt, das Zentrum für den Autoverkehr ganz zu sperren. Eine Entlastung brachten die beiden unterirdischen Metrolinien, die im Jahr 2000 eröffnet und von den Athenern sehr

Eine Partie Tavli am Nachmittag

Auf dem Zentralmarkt

gut angenommen wurden. Der Schadstoffausstoß ist bereits erheblich gesunken. Erfolg verspricht man sich auch von den neuen, mit Erdgas betriebenen »ökologischen« Bussen. Auch die fertiggestellte Autobahn von der Innenstadt zum 2001 eröffneten Venizelos-Flughafen bei Spata brachte Entlastung. Ein großer Teil des ehemaligen Flughafengeländes wird nach und nach in einen riesigen Freizeitpark mit Grünflächen und Sportanlagen umgestaltet. Auch mit der Begrünung Athens wurde begonnen. Es wurden immerhin 1500 neue Bäume gepflanzt.

Viele dieser Probleme sind typisch für große Metropolen. Das Wort des englischen Autors James Pettifer trifft die aktuelle Situation Athens: »Übersprudelnd von Leben, zutiefst demokratisch, vollständig chaotisch, mit dramatischen Umweltproblemen behaftet, jedoch auch nahezu ohne Gewalt und Obdachlosigkeit.«

Bevölkerung

In der perikleischen Zeit sollen 140 000 Menschen in Athen gelebt haben – 1834, als es völlig unvorbereitet zur Residenzstadt aufstieg, war es ein armseliges Dorf mit noch nicht einmal 6000 Einwohnern. König Ottos bayerische Architekten planten damals eine Stadt für 50 000 Menschen.

Doch die neue Hauptstadt wirkte schon kurz danach auf die Landbevölkerung wie ein Magnet und war bereits um 1900 doppelt so groß.

Der explosionsartige Zuwachs auf eine halbe Million Menschen war eine Folge der Flüchtlingswelle aus Kleinasien, als Athen und Piräus nach der »Kleinasiatischen Katastrophe« (siehe S. 21) auf einen Schlag fast 300 000 Vertriebene aufnehmen mussten. Ihre Siedlungen erkennt man an den Namen mit der Vorsilbe Nea (= neu), z. B. Nea Smirni oder Nea Ionia. Nach dem Zweiten Weltkrieg und den anschließenden Bürgerkriegswirren nahm die Bevölkerung noch einmal schlagartig zu und überschritt die Grenze zur Million. Ein erneuter Zuzug setzte ab 1990 durch Zehntausende von Auslandsgriechen aus dem Pontos-(Schwarzmeer-)Gebiet und aus Albanien ein. Heute leben im Ballungsraum Athen–Piräus über vier Millionen Menschen, fast jeder dritte Grieche wohnt in der Hauptstadt.

Diese Entwicklung macht deutlich, dass es eine homogene, alteingesessene Bevölkerung nicht geben kann: Zwei von drei Athenern kommen aus der Provinz oder von den Inseln. Das blieb nicht ohne Auswirkungen auf das Stadtbild und erklärt auch die vielen »Dörfer« in Athen, in denen die starken Bindungen und Traditionen der landflüchtigen Bevölkerung weiterleben. Dort gehen die Menschen weiter in Muße ihren Alltagsgeschäften nach und pflegen gutnachbarschaftliche Beziehungen.

Im Sommer sind die Athener draußen zu Hause. Sie stellen ihre Stühle auf den Gehsteig, unterhalten sich, trinken Kaffee miteinander oder spielen Tavli – wie sie es aus ihrem Heimatdorf gewohnt sind. Geselligkeit ist für Griechen lebensnotwendig, Alleinsein ein unerträglicher Zustand. Deshalb ist es auch für Fremde so leicht, mit den Hauptstädtern schnell ins Gespräch zu kommen.

Auf der anderen Seite bringt das Leben in einer Weltstadt zwangsläufig eine abrupte Änderung der Lebensgewohnheiten mit sich. Das wird besonders an der Situation der Athenerinnen deutlich. Fast jede zweite aus der jüngeren Generation studiert, es ist eine steigende Berufstätigkeit festzustellen, und die traditionelle Hausfrauen- und Mutterrolle nimmt kontinuierlich ab. Parallel dazu schrumpft, wie in allen anderen Industrieländern auch, die Großfamilie zur Kernfamilie.

Steckbrief

- **Athen** ist die Hauptstadt Griechenlands (seit 1834), Sitz der Regierung und des Parlaments sowie Sitz der Verwaltung des Nomos Attika, einem von 54 Verwaltungsbezirken (Nomoi), in die ganz Griechenland unterteilt ist. Groß-Athen besteht aus 37 Städten und 88 Gemeinden (Dimoi).
- **Einwohner:** Mehr als 4 Millionen Menschen im Großraum Athen– Piräus, d. h. über 30 % der Gesamtbevölkerung (10,94 Millionen). Im Stadtgebiet selbst leben 750 000, in Piräus (mit Vororten) 500 000 Menschen.
- **Lage:** 23° 40' östliche Länge, 37° 57' nördliche Breite.
- **Fläche:** 428 km².
- **Bevölkerungsdichte:** ca. 8000 Einwohner pro km².
- **Höchste Erhebungen:** Lykabettos (277 m), Akropolishügel (156 m).

Politik und Verwaltung

Im Januar 1996 ist das Zeitalter der charismatischen Politiker wohl endgültig zu Ende gegangen. Nachdem der sieche dreimalige Ministerpräsident Andreas Papandreou vom Krankenbett in der Onassis-Herzklinik aus seinen Rücktritt erklärt hatte, zog mit Kostas Simitis ein Mann in das Präsidentenpalais an der Irodou Attikou ein, der in allem das Gegenteil des demagogischen, wortgewaltigen »Andreas« ist, wie die Griechen ihren Premierminister nannten. Die Zuneigung, die sie Papandreou entgegenbrachten, wurde dem kühlen, zurückhaltenden Pragmatiker Simitis nicht zuteil; aber man traute dem überzeugten Europäer und Reformer Taten zu.

Im Zuge der 1996 eingeleiteten Privatisierung von Staatsunternehmen, z. B. der Telefongesellschaft OTE, einer Ölgesellschaft, mehrerer Banken und von Werften im Industriegebiet Skaramangas-Eleusis, soll in unmittelbarer Zukunft der Energiesektor folgen.

Einige Erfolge der neuen Politik waren auch sehr deutlich spürbar: Die Inflationsrate blieb unter 3 % – wie man heute weiß, allerdings nur mit Hilfe illegaler Bilanztricks – das Wirtschaftswachstum war das höchste der Europäischen Union und die Euro-Einführung ein voller Erfolg.

Zwar gelang es der PASOK-Regierung mit der Euro-Einführung für einen spürbaren Schub in Griechenland zu sorgen, gleichzeitig brachte sie jedoch mit der Reform der Sozialsysteme große Teile der Bevölkerung gegen sich auf. Und so kam es nicht überraschend, dass bei der Wahl im März 2004 die lange Ära der PASOK für's erste beendet wurde. Sie kam lediglich auf 40,6 % der Stimmen und unterlag damit der konservativen Nea Demokratia (ND), die 45,4 % errang. Für die ND reichte das zur absoluten Mehrheit im Parlament. Neuer Ministerpräsident wurde ein Sprössling einer alten Politikerdynastie, Konstantinos Karamanlis. Mit 5,9 % zogen wieder die Kommunisten (KKE) und mit 3,3% der Zusammenschluss linker und ökologischer Gruppen Synaspismos in die Volksversammlung ein.

Groß-Athen besteht aus 37 Städten und 88 autonomen Kommunen (Dimoi), ist also ein riesiges Gebilde aus selbstständigen Einzelgemeinden, die

»Der Staat ist arm, der Grieche reich«

Die Griechen lebten gerne, aber arbeiteten ungern – deshalb habe auch Karl Marx niemals Erfolg in Hellas gehabt, philosophiert der Schriftsteller Vassilis Vassilikos. Ein anderes verbreitetes Wort sagt: »Der Staat ist arm, der Grieche reich.« In diesem Satz dürfte schon eher ein wahrer Kern stecken, und er trifft besonders auf die Athener zu. Kaum einer von ihnen begnügt sich mit seinem regulären Gehalt. Da die wenigsten ihren Besitz vor dem Umzug nach Athen verkauft haben, streichen viele durch Miete oder Pacht, oft auch von Touristen, Monat für Monat ein hübsches Sümmchen ein.

Die tollsten Blüten treibt aber die Schattenwirtschaft. Hier nehmen die Griechen innerhalb der EU-Staaten die Spitzenposition ein: Die Schattenwirtschaft wird auf 30 % des BIP geschätzt. Gelder aus diversen Nebenjobs fließen – am Fiskus vorbei – direkt in die Börsen der Griechen und stocken das im EU-Vergleich niedrige Durchschnittseinkommen auf. Selbstständige, Groß- wie Kleinverdiener, geben meist nur einen Bruchteil ihrer Einnahmen an. Glaubt man beispielsweise den Steuererklärungen freischaffender Zahnärzte, die in allen anderen Ländern zu den Spitzenverdienern zählen, ist ihr Leben eher kümmerlich. Ihr Einkommen – das wollen sie zumindest die Behörden glauben machen – liegt noch unter dem eines durchschnittlich verdienenden Arbeiters. Ein anderes Beispiel: Allenfalls das Existenzminimum scheinen die Besitzer der gut besuchten Bouzouki-Lokale in der Athener Innenstadt zu erwirtschaften. Bei Razzien durch Steuerfahnder wurde dann aber aufgedeckt, dass in den Abendkassen bis zu 25-mal mehr Geld steckte, als die Lokalbesitzer angegeben hatten.

Dem griechischen Staat hingegen fehlt hinten und vorne das Geld. Um die gewaltigen Staatsschulden abzubauen, wurden Maßnahmen verabschiedet, die die Steuerhinterziehung ausmerzen oder zumindest stark eindämmen sollen.

nahtlos ineinander übergehen. Jede Gemeinde wird von einem Bürgermeister regiert, hat ein Rathaus, eigene Kultur- und Geschäftszentren und eine gewachsene Bevölkerung. Die Folge sind lebendige Ortskerne; Slums und Schlafstädte gibt es nicht.

Wirtschaft

Athen ist das kulturelle, soziale und wirtschaftliche Zentrum des Landes. Im Ballungsgebiet Athen–Piräus–Eleusis sind über 60 % der Industrie ansässig, haben Handel, Banken, Versicherungen und die Energiewirtschaft ihren Schwerpunkt. In Athen werden drei Viertel des Flugverkehrs abgewickelt, und Piräus ist der Knotenpunkt des Waren- und Passagierverkehrs. Die griechische Handelsflotte ist die größte der Welt, und fast alle wichtigen internationalen Reedereien haben in Piräus eine Niederlassung.

Eine Haupteinnahmequelle ist auch der Tourismus. Athen verfügt zusammen mit Attika über die größte Bettenkapazität. Durch dieses geballte Wirtschaftspotential hat die Hauptstadt auch die höchsten Steuereinnahmen aller griechischen Regionen sowie die höchste Kaufkraft, denn die Athener stehen an der Spitze der griechischen Einkommensskala: In Athen leben die meisten Akademiker, Künstler und Studenten, arbeiten über die Hälfte aller Ärzte und Rechtsanwälte, fahren fast zwei Drittel aller zugelassenen Autos.

Kein Wunder, dass Athen die Landbevölkerung noch immer magnetisch anzieht; kein Wunder auch, dass seine Probleme so riesige Ausmaße angenommen haben.

Verständigung

Als Tourist wird man in Athen wenig Verständigungsprobleme haben. Die meisten Athener sprechen Englisch, viele auch Deutsch, denn ein großer Teil der Bevölkerung hat einige Zeit in Deutschland gelebt.

Sprache

Bis in die 1970er Jahre hinein mussten die Griechen zwei Sprachen erlernen: die Volkssprache *(Dimotiki)*, die im täglichen Leben gesprochen wurde, und die offizielle Amtssprache *(Katharevoussa)*, eine sich an das Altgriechische anlehnende Kunstsprache, die nach 1830 geschaffen wurde. Sie wich von der Volkssprache so stark ab, dass große Bevölkerungsteile die amtlichen Verlautbarungen nicht verstanden, Bücher und Zeitschriften nicht lesen konnten und einen Dolmetscher brauchten, wenn sie Amtsschreiben beantworten mussten. Dieser unhaltbare Zustand wurde erst 1975 (!) durch einen Parlamentsbeschluss abgeschafft, dem sich auch die Kirche widerwillig beugte. Sie schreibt ihre Publikationen weiterhin in der Katharevoussa und mutet den geplagten Griechen in der Liturgie eine dritte Version zu: die *Koine*.

Noch ein Wort zur Gebärdensprache, da in Griechenland viele Gesten eine andere Bedeutung als bei uns haben. So ist das Kopfnicken in Deutschland gleichbedeutend mit »Ja«. Fragt man dagegen einen Athener, ob hier der Bus nach Korinth abfährt, und er nickt, hat er die Frage verneint. Als schwere Beleidigung gar deutet man in Griechenland die »Anhaltergeste« mit geballter Faust und hochgerecktem Daumen.

Ein Pope im Altstadtrestaurant

Messe in der orthodoxen Kathedrale

Religion und Nationalbewusstsein

An der Spitze der autokephalen (unabhängigen) griechisch-orthodoxen, d. h. rechtgläubigen Kirche, der 98 % der Griechen angehören, steht der Erzbischof von Athen. Er bildet zusammen mit zwölf jährlich wechselnden Bischöfen die oberste Kirchenleitung, die »Heilige Synode«.

Es gibt nur sehr kleine religiöse Minderheiten. Die Kirche hat noch immer einen großen Einfluss auf das Leben der Griechen. Selbst in einer Großstadt wie Athen bevölkern nicht nur die Alten die Kirchen, sondern auch die junge und mittlere Generation. Tradition und Brauchtum sind nach wie vor stark mit der Religion verknüpft. Zu den Kirchweihfesten, zu Ostern oder Mariä Entschlafung sind die Kirchen gedrängt voll, und in Wallfahrtsorte wie Tinos pilgern die Gläubigen das ganze Jahr über.

Mit der Religion verbunden ist auch der Namenstag, der eine weit größere Bedeutung hat als der Geburtstag und festlich begangen wird: Viele Griechen tragen den Namen eines Heiligen.

Ihre starke Stellung und ihr hohes Ansehen verdankt die Kirche ihrem Wirken während der 400 Jahre dauernden Türkenherrschaft. Das war ihr nur deshalb möglich, weil der Sultan dem Klerus bestimmte Vorrechte verliehen hatte. So erkannten die Osmanen den Patriarchen nicht nur als Oberhaupt der orthodoxen Christen in geistlicher, sondern auch in politischer Hinsicht an. Da auch der riesige kirchliche Besitz unangetastet blieb, besaß – und besitzt – die Kirche ein erhebliches Vermögen.

Diese Voraussetzungen nutzte sie, um trotz des offiziellen Verbots in geheimen Schulen hellenische Geschichte und Sprache zu lehren und so das Nationalbewusstsein aufrechtzuerhalten. Dass den Griechen ihre Sprache nicht verloren ging, ist also unbestritten das Verdienst der orthodoxen Kirche. Auch mit dem Befreiungskrieg, zu dem die Kirche das Signal gab, ist sie untrennbar verbunden.

Enge Beziehungen pflegt der Klerus auch heute noch zur politischen Führung. Beispielsweise wird jede Regierung durch den Athener Erzbischof vereidigt.

Geschichte im Überblick

Die Anfänge Athens liegen im Dunkel des Mythos. Der erste König der Stadt war Kekrops, ein Wesen, bestehend aus Schlangenleib und menschlichem Oberkörper. Während seiner Regentschaft kam es zu dem sagenhaften Wettstreit zwischen Athene und Poseidon um die Vorherrschaft in Attika, der zugunsten Athenes entschieden wurde. Sie gab der Stadt ihren Namen und stellte sie unter ihren Schutz.

Um 1300 v. Chr. Auf der Akropolis entsteht ein mykenischer Königspalast. Um 1050, mit der Einwanderung der Dorer, geht das mykenische Königtum unter.
9./8. Jh. v. Chr. Zusammenschluss (Synoikismos) der attischen Gemeinden (dem Mythos nach von Theseus bewirkt) unter der Vorherrschaft Athens; Aufstieg zum Stadtstaat. Die Regierung liegt in den Händen der adligen Archonten.
Um 620 v. Chr. Drakons Gesetzgebung.
594/593 v. Chr. Solons Archontat. Zehn Jahre später gibt er Athen eine demokratische Verfassung.
Um 560 v. Chr. Erste Tyrannis des Peisistratos. Förderung der Kleinbauern und des Handels, Ausweitung des athenischen Exports. Die 566 gestifteten Panathenäischen Spiele gewinnen an Bedeutung.
528 v. Chr. Hippias, Sohn und Nachfolger des Peisistratos, führt nach der Ermordung seines Bruders Hipparchos 514 ein Gewaltregime und wird 510 gestürzt.
509–507 v. Chr. Die Reformen des Kleisthenes – gleiche Rechte vor dem Gesetz, Gewaltenteilung, Machtkontrolle und Ahndung von Gesetzesverstößen – treiben die Entmachtung des Adels voran und ebnen den Weg zur Demokratie. Neuordnung Attikas in zehn Phylen (Siedlungseinheiten), aus denen je 50 Abgeordnete den »Rat der 500«, die wichtigste Vertretung der Bürgerschaft, bilden.
493–471 v. Chr. Archontat des Themistokles. Er baut eine starke Flotte auf und macht Athen zu einer führenden Seemacht. 490 besiegt Athen die Perser in der Schlacht von Marathon, 480 in Salamis und 479 endgültig bei Plataä. 478/477 wird der erste Attische Seebund als Verteidigungsbündnis gegen die Perser unter dem Vorsitz Athens gegründet.
461 v. Chr. Unter Perikles beginnt die Blütezeit Athens (Perikleisches Zeitalter): in der Literatur (Sophokles, Euripides), der Philosophie (Sokrates, Platon, Aristoteles), der Kunst (Phidias), Architektur (Iktinos, Mnesikles) und Politik (Demokratie).
459–446 v. Chr. Die kriegerischen Auseinandersetzungen mit Sparta um die Hegemonie in Griechenland werden von dem 15 Jahre dauernden »Dreißigjährigen Frieden« unterbrochen; 404 unterliegt Athen schließlich nach langen Kämpfen.
387 v. Chr. Platon gründet seine Akademie in Athen.
338 v. Chr. Philipp II. von Makedonien besiegt Athen und seine Verbündeten; unter seinem Sohn Alexander dem Großen (336–323 v. Chr.) verliert Athen politisch weiter an Bedeutung.
197–146 v. Chr. Die neue Großmacht Rom unterwirft ganz Griechenland. Athen ist römische Provinzhauptstadt und wird um Christi Geburt unter

Kaiser Augustus zu einem geistigen Zentrum Roms.
54 n. Chr. Der Apostel Paulus predigt in Athen.
117–138 Unter Kaiser Hadrian erlebt Athen noch eine kulturelle Blütezeit.
267 Die Goten plündern Athen.
324–337 Kaiser Konstantin der Große. Neue Hauptstadt des Römischen Reiches wird Konstantinopel (Byzanz).
395 Das Römische Reich wird geteilt. Griechenland kommt zum Oströmischen (Byzantinischen) Reich.
395–1453 Im Byzantinischen Reich bleibt Athen Provinzstadt. Im 6. Jh. schließt Kaiser Justinian die letzten Tempel und die Philosophenschulen.
1204 Nach der Eroberung Konstantinopels durch die Franken fällt Athen an den Burgunder Othon de la Roche; zwischen 1311 und 1402 herrschen nacheinander Katalanen, Florentiner und Venezianer in Athen.
1453–1456 Endgültiger Zusammenbruch des Byzantinischen Reiches durch die Eroberung Konstantinopels 1453 durch die Türken. 1456 erobern sie Athen und beherrschen Griechenland fast 400 Jahre lang.
1821–1830 Im Freiheitskrieg erkämpft sich Griechenland mit Hilfe Europas seine Unabhängigkeit.
1834 Athen wird Hauptstadt des befreiten Griechenland.
Der 1833 (bis 1862) zum König der Hellenen gekrönte Otto I. aus dem Hause Wittelsbach verlegt seine Residenz von Nauplia nach Athen.
1912/13 Balkankriege. Griechenland erweitert sein Territorium.
1922/23 Nach dem verlorenen Krieg gegen die Türkei (»Kleinasiatische Katastrophe«) strömen Hunderttausende Flüchtlinge nach Athen und Piräus.
1949 Athen wird nach dem Ende des Bürgerkrieges erneut mit Flüchtlingen überschwemmt.
1967 Die Militärjunta bringt sich am 21. April durch einen Putsch in Athen an die Macht.
1974 Ende der Militärdiktatur. Konstantin Karamanlis wird am 24. Juli als Ministerpräsident vereidigt. In einer Volksabstimmung votieren die Griechen gegen die Monarchie und für eine parlamentarisch-demokratische Republik.
1981 Griechenland wird Mitglied der EG. Die sozialistische Regierung unter Andreas Papandreou (Panhellenische Sozialistische Bewegung, PASOK) löst die Nea Dimokratia (ND) ab.
1993 Die Wahlen am 10. Oktober gewinnt die PASOK. Papandreou wird erneut Ministerpräsident.
1995 Konstantin Karamanlis, der über 50 Jahre das politische Leben Griechenlands prägte, scheidet aus dem Amt als Staatspräsident. Nachfolger ist Kostis Stephanopoulos.
1996 Papandreou tritt zurück (er stirbt im Juni). Der Sozialist Kostas Simitis wird Ministerpräsident.
2001 Der Euro wird Zahlungsmittel.
2002 Dora Bakoyanni wird Bürgermeisterin. Sie will Athen zu einer Vorzeige-Metropole machen.
2004 Am 7. März gewinnt Konstantin Karamanlis (Nea Dimokratia) die Wahlen. Vom 13.–29. August finden in Athen die XXVIII. Olympischen Sommerspiele statt.
2005 Im März wird in Athen und vielen anderen Städten gegen die Wirtschaftspolitik der konservativen Regierung gestreikt.

Kultur gestern und heute

Zur Zeit der Hochblüte der minoischen sowie der von Schliemann ans Licht gebrachten mykenischen Epoche war Athen nur eine kleine Stadt an der Ägäis. Erst relativ spät, lange nach dem Zusammenbruch beider Kulturen um 1100 v. Chr. und den nachfolgenden »dunklen Jahrhunderten« – einer Zeit, aus der nur wenige Kunsterzeugnisse überliefert sind –, trat Athen in die Geschichte ein. Ab dem 8. Jh. v. Chr. erlebte in Attika die Keramik einen Aufschwung, nach deren Bemalung in einfachen abstrakten Mustern die Zeit die »geometrische« genannt wird. In der anschließenden archaischen Periode (700–480 v. Chr.) wurde Athen in diesem Handwerk führend. Die aus den attischen Werkstätten hervorgegangenen Vasenbilder erzählen nicht mehr nur von Göttern und Helden, sondern auch vom Alltagsleben der Bürger, von Trinkgelagen und erotischen Exzessen.

In dieser Zeit bringt die von Ägypten beeinflusste Großskulptur die marmornen Kuroi und Koren hervor, das sind überlebensgroße Jünglings- und Jungmädchengestalten, deren »archaisches Lächeln« dem Betrachter bis heute Rätsel aufgibt.

Das Goldene Zeitalter

Die knapp zwei Jahrhunderte der Klassik (480–330 v. Chr.) sind der Höhepunkt allen griechischen Kunstschaffens. Die Bildhauer Myron, Polyklet und Phidias, deren Plastiken schon zu ihren Lebzeiten fast unbezahlbar waren, wirkten in Athen, der aus Thasos stammende Maler Polygnot, der mit dem athenischen Bürgerrecht ausgezeichnet wurde, und die großen Baumeister Iktinos, Kallikrates und Mnesikles. Aischylos, Sophokles und Euripides schrieben ihre großen Tragödien, die heute, 2500 Jahre später, noch so aktuell wirken, dass sie aus Oper und Theater nicht wegzudenken sind. Herodot, der »Vater der Geschichtsschreibung«, empfing in Athen die entscheidenden Anregungen, und der Historiker Thukydides wurde mit seiner »Geschichte des Peloponnesischen Krieges« Vorbild nachfolgender Generationen bis in die Neuzeit. In der Philosophie wirkten Sokrates und Platon. Nur aus einem solchen geistigen Klima, einem ge-

Die Schliemanns

Heinrich Schliemann (1822–1890) war bereits 47 Jahre alt, als er in zweiter Ehe die erst 17-jährige Athenerin Sophia Engastromenou heiratete. »Ich kann nur mit einer Griechin glücklich werden«, schrieb er seinem Vater kurz vor der Hochzeit, »werde sie aber nur dann nehmen, wenn sie Sinn für Wissenschaft hat«. Sophia enttäuschte ihn nicht. Sie verstand es nicht nur, Texte aus Homers »Ilias« würdig zu rezitieren, sie beteiligte sich auch aktiv an den Grabungen und vermittelte klug und geschickt in so manch kritischer Situation, die ihr cholerischer Ehemann nur allzu oft heraufbeschwor.

Schliemann, einer der großen Archäologen des 19. Jhs., war und ist auch einer der umstrittensten, wie beeindruckend seine wissenschaftlichen Leistungen auch sein mögen. Der arme Pastorensohn

Diese Vase wird auf ca. 760 v. Chr. datiert

Relief (ca. 400 v. Chr.) im Archäologischen Nationalmuseum

hallten Zusammentreffen von Dichtung, Philosophie, Wissenschaft, Architektur und Kunst, konnte schließlich eine so grandiose Leistung wie die Akropolis hervorgehen, deren Bauten mehr als 2000 Jahre lang stilbildend waren.

aus Mecklenburg hatte als Kaufmann in Amsterdam und St. Petersburg ein riesiges Vermögen angehäuft. Dieser Reichtum wurde die Basis für seine zweite Karriere als Archäologe, auf die er sich durch das Studium der homerischen Epen vorbereitet hatte. Seit seiner Jugend war er von der Leidenschaft besessen, die Stätten wieder zu finden, an denen Agamemnon und Klytämnestra gelebt und die Helden Achilles und Patroklos gekämpft hatten: Mykene und Troja. Er fand beide und grub doch an beiden vorbei: In Troja hatte er eine Schicht freigelegt, die etwa tausend Jahre älter war als die homerische Stadt des Priamos, und ähnlich war es in Mykene. Die von ihm entdeckten Gräber waren nicht die des Agamemnon und der Troja-Eroberer, sondern die Ruhestätten unbekannter Fürsten, die etwa 400 Jahre früher gelebt hatten. Damit war natürlich auch der prunkvolle Goldfund nicht der des Agamemnon, wie Schliemann glaubte und an König Georg I. nach Athen telegrafierte: »Mit großer Freude teile ich Eurer Majestät mit, dass die Gräber des Agamemnon, der Kassandra und ihrer Gefährten gefunden wurden ... Ich fand in den Gräbern einen unendlichen Schatz archäologischer Gegenstände aus reinem Gold. Allein dieser Schatz genügt, um ein großes Museum zu füllen, welches ... in allen kommenden Jahrhunderten Myriaden Fremder aus allen Ländern nach Griechenland ziehen wird.«

Darin zumindest sollte er recht behalten. Der Goldschatz von Mykene ist die meistbesuchte Ausstellung im Athener Nationalmuseum. Heute ist Schliemanns abenteuerliches Leben selbst zum Mythos geworden: Ein Drama und eine Oper über den »Schatzgräber« hatten 1995 Premiere.

Hellenismus

Der lange Zeit unterschätzte Hellenismus (um 330–146 v. Chr.) umfasst die Jahrhunderte zwischen dem Verfall der Stadtstaaten und dem Aufstieg des Römischen Weltreichs. Trotz der schwindenden politischen Bedeutung Athens blühte die Philosophie: die von Zenon begründete Stoa und die peripatetische Schule, die die Philosophie des Aristoteles pflegte. Die Bildhauerei leitet das Ende der makellos schönen Gestalten der Klassik ein. Aus den hellenistischen Plastiken spricht eine radikal veränderte Lebenserfahrung: Alter und Verfall des menschlichen Körpers, Leiden, Krankheit und das Hässliche des Alltags wurden zu neuen Motiven.

Der Wegbereiter der hellenistischen Skulptur ist Lysipp. Seine Arbeiten waren so begehrt, dass er von seinen eigenen Werken Kopien wie am Fließband anfertigen ließ und sie zu Höchstpreisen verkaufte.

Römische Zeit

Athen blieb in der römischen Zeit (146 v. Chr.–395 n. Chr.) kulturelles Zentrum des Reiches. Wer in Rom auf sich hielt, studierte an einer der Athener Philosophenschulen. Hochkonjunktur hatten in der Bildhauerei die »Professorenbildnisse« (Platon, Xenophon u. a.). Sie dokumentieren das blühende athenische Geistesleben in der mittleren Kaiserzeit. Da die Römer versessen auf griechische Kunstwerke waren, setzte eine Kopierwelle ohnegleichen ein.

Insgesamt aber zehrte Athen in Kunst und Literatur von seiner Vergangenheit. Unter Kaiser Hadrian (117–138 n. Chr.) erlebte es erneut einen Bauboom.

Büste des Sokrates (Agora-Museum)

Byzantinische Zeit: Athens Verfall

Der Niedergang Athens, der im 3. Jh. eingesetzt hatte, schritt in der byzantinischen Zeit (395–1456) rapide voran. Mit der Schließung der Platonischen Akademie 529 fand das Geistesleben sein Ende. Alles Kunstschaffen war in dem geographisch am Rande des Reiches liegenden Athen erlahmt. Zwar entstanden zahlreiche Kirchen – anfangs im Stil der meist dreischiffigen Basilika, später als Kreuzkuppelbauten –, doch waren sie von eher bescheidenem Zuschnitt. In der spätbyzantinischen Zeit kam der Ausgestaltung des Inneren große Aufmerksamkeit zu. Die Freskenmalerei und vor allem die Mosaikkunst gelangten zu einer Meisterschaft, wie sie nur noch in Italien zu beobachten war. Das schönste Beispiel ist die Klosterkirche von Dafni.

Der Neoklassizismus

Athen war nach den fast 400 Jahren der türkischen Besatzung (1456 bis 1830) nur noch ein »Haufen schmutziger Trümmer« – so beschrieb es Graf Prokesch von Osten, der österreichische Gesandte in Athen. Doch als Athen 1834 Hauptstadt wurde, setzte

Kuppelmosaik im Kloster Dafni

ein Bauboom ein. Die besten deutschen Stadtplaner und Architekten des 19. Jhs. – Leo von Klenze, Friedrich von Gärtner, Eduard Schaubert und sein Freund Stamatis Kleanthis (beide hatten bei Schinkel in Berlin studiert), Ernst Ziller und die der deutschen Baugeschichte zuzurechnenden Dänen Christian und Theophil Hansen – verwandelten den »Haufen« in eine klassizistische Stadt. Die damals angelegten breiten Boulevards und die bayerische Architektur prägen das Zentrum noch heute.

Kulturschaffen heute

Athen ist heute die Stadt, in der sich die bedeutendsten Künstler des Landes zusammenfinden – in der Musik, den bildenden Künsten und der Literatur. Bis Ende der 1950er Jahre war die moderne griechische Malerei, die sich erst nach 1900 westlichen Strömungen öffnete, im Ausland kaum bekannt. Lediglich drei Künstlern – Jorgos Bousianis (1885–1959), Jannis Tsarouchis (1910–1989) und Nikos

Ein Bayer auf dem Griechen-Thron

Griechenland war nach der Befreiung von den Türken in allem auf Europa angewiesen, sogar auf den Import eines Königshauses. Die Großmächte Großbritannien, Frankreich und Russland einigten sich auf den noch minderjährigen Otto von Wittelsbach, den zweiten Sohn des Bayernkönigs Ludwig I., eines begeisterten Philhellenen.

Am 6. Februar 1833 betrat Prinz Otto in Nauplia erstmals griechischen Boden. Obwohl er die besten Absichten hatte, machte er folgenschwere Fehler. Zu lange regierte er absolutistisch, auch am katholischen Glauben hielten er und seine Frau Amalia von Oldenburg kompromisslos fest. Otto brachte hochrangige bayerische Beamte mit, die u. a. die Verwaltung, das Recht, das Schul- und das Hochschulsystem nach deutschem Vorbild schufen. 1837 gründete er die erste Universität und besetzte sie mit deutschen Gelehrten. Aber auch hervorragende Architekten und Stadtplaner folgten Ottos Ruf nach Athen und gestalteten das damalige Dorf zur königlichen Residenzstadt um.

1862 musste Otto nach fast dreißigjähriger Herrschaft abdanken. Schuld daran waren nicht zuletzt die Schutzmächte und hier besonders Großbritannien, die ihn in Abhängigkeit hielten. Bis zu seinem Tod im Jahre 1867 fühlte sich Otto weiterhin als König der Hellenen. Das kinderlos gebliebene Königspaar ruht in der Fürstenkrypta der Theatinerkirche in München.

Hatzikiriakos, genannt Ghikas (1906 bis 1994; s. S. 82) – gelang es, international auf sich aufmerksam zu machen.

Die zeitgenössischen Maler dagegen haben längst den Anschluss an die westeuropäische Kunstszene gefunden. Viele leben ganz oder teilweise im Ausland. Der 1936 in Piräus geborene Maler und Objektkünstler Jannis Kounellis arbeitet in Rom, Amsterdam, Berlin, hat eine Professur in Düsseldorf und inszeniert aufregende Ausstellungen in Athen und Piräus. Der Bildhauer Jannis Avramidis (geb. 1922) lebt in Österreich, die Maler Pavlos (geb. 1930) sowie Alekos Fassianos (geb. 1935), schon ein moderner Klassiker, wohnen in Paris. Der kritische Realist Jannis Psychopaidis (geb. 1945) stellt im Ausland inzwischen ebenso oft aus wie in Athen.

Die Arbeiten zeitgenössischer Künstler findet man in vielen Galerien in Kolonaki und im **Nationalmuseum für zeitgenössische Kunst** (s. S. 83), wo auch Teile der Kunstsammlung von Dimitris Pierides, einem unermüdlichen Förderer junger Begabungen, zu sehen sind. Seine Kollektion umfasst über 1000 Werke griechischer und zypriotischer Künstler. Moderne Kunst kann man auch im **Artower,** Armodiou 10, Vavakios-Platz, Tel. 21 03 24 61 00 (Mi–Fr 15–20 Uhr, Sa 12–16 Uhr), sowie im Technopolis in **Gazi,** dem alten Gaswerk (s. S. 65), besichtigen.

In der klassischen Musik hat Griechenland einen großen Nachholbedarf. Mit der Eröffnung des Konzerthauses Megaron Mousikis (s. S. 84) vor zehn Jahren ist aber auch ein Fo-

Festekalender

- **1. Januar: Neujahrsfest.**
- **6. Januar: Epiphanias** (Dreikönigstag). Die Priester tauchen ein Kreuz in das Meer und segnen es. Die Wasserweihe soll an die Taufe Jesu erinnern.
- **Rosenmontag** (Kathara deftera, d. h. »sauberer Montag«): 40 Tage vor Ostern, Beginn der Fastenzeit und Ende des Karnevals.
- **25. März: Mariä Verkündigung,** gleichzeitig Unabhängigkeitstag. Mit Militärparaden gedenkt man des 25. März 1821 (Beginn des griechischen Freiheitskampfes).
- **Karfreitag** (Megali Paraskevi): Abends finden Epitaphios-Prozessionen statt.
- **Ostern:** Höchstes Fest der orthodoxen Kirche, das nach dem Julianischen Kalender berechnet wird und nur selten mit dem unsrigen zusammenfällt (Ostersonntag 2006: 23. April, 2007: 8. April).
- **1. Mai: Tag der Arbeit.** Im Mai finden in vielen Orten Attikas Blumenfeste statt.
- **15. August: Mariä Entschlafung,** das bedeutendste Marienfest in Griechenland. Viele Athener pilgern an diesem Tag zur »heiligen Insel« Tinos.
- **August/September: Weinfest** beim Kloster Dafni.
- **28. Oktober: »Ochi-Tag«.** Der mit Paraden begangene Nationalfeiertag erinnert an das »Nein« (»ochi«), das die Metaxas-Regierung 1940 dem Ultimatum von Mussolini erteilte, der Militärstützpunkte einrichten wollte.
- **25./26. Dezember: Weihnachten.**

rum für Sinfonien und Kammermusik herangewachsen. Jedes Jahr gastieren dort europäische Spitzenorchester. Das Athener Sinfonieorchester wurde erst 1996 gegründet.

Einen ganz anderen Stellenwert hat die volkstümliche Musik, die sich aus zwei Wurzeln speist: der regional bäuerlichen Volksmusik mit in die byzantinische Zeit zurückreichenden Elementen und den 1923 von den kleinasiatischen Flüchtlingen mitgebrachten Rembetika, den Liedern der Ausgestoßenen, die in den Armenvierteln von Athen und Piräus ein Leben außerhalb der Gesellschaft fristeten. Daraus entwickelte sich eine teils harmlose und kommerzielle, teils aber auch höchst anspruchsvolle Musik, mit der sich alle Volksschichten gleichermaßen identifizieren können. Durch die Vertonung politischer und literarischer Texte, z. B. durch Theodorakis, wurde breiten Bevölkerungsschichten die Lyrik von Jannis Ritsos sowie der beiden Literatur-Nobelpreisträger Odysseas Elytis und Jorgos Seferis nahe gebracht. Abgesehen von diesen drei Lyrikern, dem Romanautor Nikos Kazantzakis sowie dem in Athen lebenden Vassilis Vassilikos, dessen Roman »Z« von Constantin Costa-Gavras sehr erfolgreich verfilmt wurde, ist die griechische Gegenwartsliteratur im Ausland weitgehend unbekannt.

Eine viel gelesene Autorin ist die in Athen lebende Maro Douka (geb. 1947), deren Roman **Die schwimmende Stadt** (Insel-Verlag, Frankfurt/ Main 1991) in Athen spielt. Ein Schlaglicht auf das Leben in Athen, speziell die Athener Medienszene, wirft der flott und witzig geschriebene Kriminalroman **Hellas Channel** von Petros Markaris (Diogenes-Verlag, Zürich 2000).

Essen und Trinken

Die griechische Küche gilt nicht gerade als kreativ, doch in den letzten Jahren hat sich einiges getan. Vor allem seit sich immer mehr Köche wieder auf klassische und traditionelle Rezepte besinnen und fast schon Vergessenes zum neuen Trend wird.

Wie die Ouzerien und die Mezedopolia. Erstere sind traditionelle Lokale, in denen kleine Knabbereien zum Ouzo gereicht werden. Auch in den Mezedopolia stehen Kleinigkeiten (Mezes = Vorspeise) im Mittelpunkt der Karte und der Gast kann häufig aus bis zu 100 verschiedenen kleinen Gerichten von gefüllter Artischocke bis zu Lammleber und kleinen gegrillten Fischen wählen. Inzwischen gibt es wieder überall in Athen Mezedopolia, häufig auch mit Live-Musik, und wie alles, was in Griechenland trendig ist, sind sie in der Regel nicht billig.

Teuer sind auch die Szene-Restaurants, die oft mit perfektem Design und Atmosphäre glänzen und sich an einer neuen griechischen und mediterranen Küche versuchen. Manche der Trend-Restaurants öffnen erst um 20.30 Uhr. Günstiger ist es in den vielen Tavernen, die es nicht nur in der Plaka gibt. Übrigens sind dort selbst die touristisch geprägten Restaurants nicht unbedingt schlecht.

Für den schnellen Imbiss sind trotz McDonalds weiterhin Gyros-Pita (Fleisch vom Spieß im Fladenbrot) und Souvlaki (kleine Schweinefleischspieße) erste Wahl. Aber auch die Sandwiches, die man sich in den Filialen der griechischen Fast-Food-Kette Everest selber zusammenstellen kann, sind nicht schlecht. Und natürlich gibt es in Athen inzwischen Essgenüsse aus aller Herren Länder bis hin zum Sushi.

Plaka

▮ **Eat,** Adrianou 91, Tel. 21 03 24 91 29. Vorspeisen und Fingerfood, gute Weine. ❍❍❍

▮ **Eden,** Lissiou 12/Ecke Mnisikleous, Tel. 21 03 24 88 58. Athens erstes vegetarisches Restaurant in einem stilvoll restaurierten Gebäude. ❍❍

▮ **Byzantino Valentino,** Kidathineon 18, 21 03 22 73 68. Eine von mehreren Tavernen am schönen Platz. Gute Tageskarte, angemessene Preise. ❍

▮ **Kafé Plaka,** Flessa/Ecke Tripodou 9. Tel. 21 03 22 03 88. Eckcafé mit Dachterrasse, hier gibt es z. B. Crêpes. ❍

▮ **Sholarhio,** Tripodou 14, Tel. 21 03 24 76 05. Traditionelle Ouzerie und Mezedopolio. Touristisch, aber gut. ❍

Monastiraki

▮ **Savvas** und **Thanassis,** beide Mitropoleos, Monastiraki-Platz. Die zwei Lokale konkurrieren um die besten Souvlakia und Kebabs. ❍

Kolonaki

▮ **Ratka,** Haritos 30, Kolonaki, Tel. 21 07 29 07 46. Eine Institution. Alle, die in Athen etwas darstellen, haben hier schon mal die multi-ethnische Küche genossen. ❍❍❍

▮ **Pluto,** Ploutarchou 38/Ecke Haritos. Szeniges Bar-Restaurant mit Küche von Pasta bis Schnitzel. Ein paar Meter weiter dazugehörige Sushi-Bar (Ploutarchou 32). ❍❍–❍❍❍

▮ **To Fagopoteion,** Pat. Ioakim 56, Tel. 21 07 25 17 71. Einfaches Imbiss-Esslokal mit leckerer Gyros-Pita zu günstigen Preisen. ❍

▮ **Kolonaki Pizza Restaurant,** Ploutarchou 23, Tel. 21 07 22 63 33. Modern-rustikales Pizza- und Pasta-Restaurant. ❍–❍❍

Exarchia

▮ **Mezedopolio Petrino,** Ecke Themistokleos & Akadimias. Große Auswahl an Mezedes in schönen Räumen mit Naturstein und alten Bildern. Nebenan die **Ouzerie Andreas.** ❍❍

▮ **Neon,** Omoniaplatz/Ecke Dorou. Günstiges Selbstbedienungsrestaurant mit guter Auswahl in klassizistischen Räumen. ❍

Fischspezialitäten

Um frischen Fisch zu essen, sollten Sie in einen der Vororte ans Meer fahren, z. B. nach Glifada, Vouliagmeni oder Kavouri. Die kühle Brise zu den Barbounia (Rotbarben) vom Grill ist gratis.

Gazi

- **Thalatta,** Vitonos 5, Tel. 21 03 46 42 04. Täglich frischer Fisch, und superber Austern-Bar. ○○○

Psirri

- **Hytra,** Nouarchou Apostoli 7, Tel. 21 03 31 67 67. Cool designtes In-Restaurant mit moderner griechisch-mediterraner Küche. ○○○
- **Cuisine Cine-Psyrri,** Sarri 40, Tel. 21 03 21 55 34. Modernes Restaurant mit Terrasse, von der man die Filme im Kino darunter verfolgen kann. ○○
- **Ballroom,** Agatharchou 3, Tel. 21 03 31 76 46-8. Ein echter Party-Spot mit guter Finger-Food. Tägl. ab 22 Uhr. ○○
- **Mezedopolio Elixirion,** Ag. Anargyron 6. Ein gutes von vielen Mezedopolia in der Anargyron. Mezedes in angenehmer Atmosphäre. ○○
- **Platia Iroon,** Karaiskaki 34, Tel. 21 03 21 19 15. Am gleichnamigen Platz gelegen mit guter Küche und authentischer Atmosphäre. ○–○○

Mets/Pangrati

- **Spondi,** Pirronos 5, Tel. 21 07 56 40 21. Modern eingerichtetes und mehrfach ausgezeichnetes Restaurant. Europäische Küche mit exotischen Elementen. ○○○

Rouf

- **Aristera-Dexia,** Andronikou 3 & Pireos 140, Tel. 21 03 42 26 06. Beeindruckende Ausstattung, exzellenter Weinkeller (über 500 Sorten). Der Küchenchef lässt seinen Inspirationen freien Lauf. ○○○

Unterkunft

Eine Hotelunterkunft bekommt man jederzeit; das Quartier seiner Wahl zu finden, ist schwieriger. Hotel-Websites, wenn überhaupt geschaltet, sind wenig informativ. Da Athen mehr und mehr als Ort für Tagungen und Konferenzen interessant wird, sind die besseren Hotels schnell ausgebucht.

Die Zimmerpreise haben sich in Athen längst denen in anderen Metropolen und Urlaubsregionen angeglichen. Echte Schnäppchen sind selten. Aber wegen der Olympischen Spiele wurden viele Mittelklassehotels renoviert und der Standard angehoben.

Hotels

Plaka und Sintagma

- **Grande Bretagne,** Sintagmaplatz, Tel. 21 03 33 00 00, www.grandebretagne.gr. Traditionsreiche Luxusherberge, frisch renoviert; viele der mit Antiquitäten eingerichteten Zimmer haben Akropolisblick. Restaurant und Bar sind Stammplätze der Athener Oberschicht. ○○○

Erlebnis-Frühstück

Außer in den besseren Hotels ist die erste Mahlzeit des Tages gewöhnlich eine karge Sache. In vielen kleinen Straßencafés jedoch können Sie sich mit Joghurt und Honig, frischem Orangensaft, Spiegeleiern auf Toast und sonstigen Leckerbissen eine gute Grundlage für den Tag schaffen – und das in schöner Athmosphäre im Freien.

Am Nachmittag vor der Taverne ...

Eine der exklusivsten Adressen Athens: das edle Hotel Pentelikon in Kifisia

- **N.J.V. Athens Plaza,** Sintagmaplatz, neben dem Grande Bretagne, Tel. 21 03 35 24 00, www.grecotelcity.gr. Luxusherberge im Herzen Athens. Die oberen Räume haben Blick auf die Akropolis. ❍❍❍
- **Electra Palace,** Navarchou Nikodimou, Tel. 21 03 37 00 00, Fax 21 03 24 18 75; www.electrahotels.gr. Das absolut beste Hotel in der Plaka. Zu den Pluspunkten des großen, nach gründlicher Modernisierung 2003 wiedereröffneten Hauses zählen Wellness-Bereich und Pool. ❍❍❍
- **Andromeda,** Timoleontos Vassou 22, Tel. 21 06 41 50 00, Fax 21 06 46 63 61; www.luxury5starhotels.com. Kleines, Haus in ruhigem Viertel nahe der US-Botschaft, Topausstattung und -service sind selbstverständlich. ❍❍❍
- **Omiros,** Apollonos 15, Tel. 21 03 23 54 86, Fax 21 03 22 80 59. Ruhiges Mittelklassehotel im Zentrum der Plaka; Bar, Restaurant. Von der Dachterrasse genießen Sie den Blick auf die Akropolis. ❍❍
- **Adrian Hotel,** Andrianou 74, Athen 105 56, Tel. 21 03 22 15 53, Reservierungen: Tel. 21 05 23 47 21, Fax 21 05 23 47 86. Gute Mittelklassewahl mitten in der Altstadt. ❍❍
- **Central,** Apollonos 21, Tel. 21 03 23 43 57, Fax 21 07 21 51 98, www.centralhotel.gr. Zentral gelegenes Haus mit geschmackvollen Zimmern. ❍❍

Kolonaki

- **Hilton Athens,** Vas. Sofias 46, Tel. 21 07 28 10 00, Fax 21 07 28 11 11, www.athens.hilton.com. Das 2003 sehr stilvoll umgebaute Luxus-Hotel war während der Olympischen Spiele das offizielle IOC Headquarter Hotel. Modern eingerichtete Zimmer, z.T. mit traumhaftem Akropolis-Blick. Großer Spa-Bereich, mehrere Restaurants und die beliebte Galaxy-Bar auf dem Dach. Die Top-Adresse Athens. ❍❍❍
- **Saint George Lycabettus,** Kleomenous 2, Tel. 21 07 29 07 11, Fax 21 07 29 04 39, www.sglycabettus.gr. Das direkt unterhalb des Lykabettos gelegene kleinere Luxushotel ist besonders bei Künstlern beliebt. Panoramablick von der Dachterrasse mit Pool. ❍❍❍
- **Athenian Inn,** Charitos 22, Tel. 21 07 23 80 97, Fax 21 07 24 22 68. Familiäres Hotel mit 28 Zimmer unterhalb des Lykabettos – ein Juwel. ❍❍

Kifisia

▮ Pentelikon, Diligianni 66, Kefalari, Tel. 2 10 62 30 65 06, Fax 21 08 01 92 23, www.hotelpentelikon.gr. Der neoklassizistische Palast ist eine der exklusivsten Adressen Athens. 32 komfortable Zimmer, 11 Suiten, Schwimmbad; Park mit alten Bäumen. Das Restaurant »Vardis« vereint französische mit mediterraner Küche und ist Treffpunkt der Athener Oberschicht. ❍❍❍

▮ Katerina, Mykonou 3, Kefalari, Tel. 21 08 01 84 95, Fax 21 08 01 52 18. Gepflegt, Restaurant und Garten. ❍❍

Außerhalb

▮ Life Gallery, Thisseos 103, Ekali, Tel. 21 06 82 47 47; www.bluegr.com. Im März 2004 neueröffnetes, den Small Luxury Hotels angeschlossenes, superschickes Designer-Hotel mit nur 30 Zimmern. Rund 10 km nördlich des Zentrums. ❍❍❍

▮ The Margi, Litous 11, Vouliagmeni, Tel. 21 08 96 20 61; www.themargi.gr. Luxuriöses Boutique-Hotel in Strandnähe. Zimmer mit Antiquitäten eingerichtet. ❍❍❍

Jugendherberge

Athens Youth Hostel, Viktoros Ugo 16, Omonia, Tel. 21 05 23 41 70, Fax 21 05 23 40 15, aiy@otenet.gr. Die gut ausgestattete Jugendherberge beim Omonia-Platz ist ein Renner.

Campingplatz

Nea Kifisia, Tel./Fax 21 08 07 55 79, am Rand des kühlen Vororts Kifisia. Hier finden auch Reisemobile eine Parkmöglichkeit, recht komfortabel, mit Schwimmbad, günstige Bus- bzw. Metroanbindung zum Omoniaplatz.

Einkaufstipps

In punkto Mode ist es auf einem Kurztrip nicht einmal möglich, auch nur die Schaufenster aller Boutiquen zu begutachten. Natürlich sind die internationalen Modemacher, ob sie **Gucci** (Tsakalof 27), **DKNY** (Solonos 8) oder **Hugo Boss** (Amerikis 19) heißen, vertreten. Und es lohnt sich, einheimische Designer zu entdecken. So spielt **Michalis Aslanis** mit seinen opulenten Abendroben in der modischen Oberliga mit. Bei exklusiver Männermode ist an **Deux Hommes** (Kanari 18, 1. Stock) kein Vorbeikommen. Auffällig ist die Farbenfreude der hiesigen Designer – das gilt auch bei Schuhen.

Einkaufsviertel

Eine der Haupteinkaufsmeilen ist nach wie vor die Fußgängerzone **Ermou,** schon allein daran zu erkennen, dass die spanische Modekette **Zara** hier gleich dreimal zu finden ist. Zwischen Sintagma-Platz und Monastiraki reiht sich Shop an Shop. Eine hohe Geschäftsdichte kann auch die Gegend um den **Omoniaplatz** aufweisen, allerdings shoppt es sich dort nicht ganz so schön.

Das unterhalb des Lykabettos-Hügels gelegene **Kolonaki** ist für Flaneure und Shopper das sympathischste und schickste Quartier, sorgen doch kleine Straßen mit Boutiquen und Fußgängerzonen rund um den Kolonaki-Platz für die richtige Szenerie. Straßen wie die Skoufa, die Xanthou, die Tsakalof mit ihren Cafés in der Straßenmitte, die Voukourestiou mit großen Marken, die mit griechischen wie internationalen Designern besetzte Anagnostopoulou oder die mit kleinen Boutiquen bestückte Kanari sind schön fürs Auge und zuweilen strapaziös für den Geldbeutel.

Das Altstadtviertel **Plaka** hat die wohl größte Dichte an Souvenirshops – teuren Tand gibt es hier zuhauf.

Psirri (s. auch S. 10/11) putzt sich immer weiter heraus. Nicht nur, dass junge Designer in diesem Viertel ihr Lager aufgeschlagen haben; das besondere Flair entsteht durch das Nebeneinander vom alten Athen mit seinen bis unter die Decke vollgestopften Gemischtwarenläden und eben jenen neuen, jungen Geschäften. Auch die **Kentriki Agora,** der Städtische Zentralmarkt, ist hier beheimatet.

Flohmarkt

Ein sonntägliches Muss ist der Flohmarkt. Rund um **Monastiraki** ist kein Durchkommen, da ganz Athen auf den Beinen scheint. Natürlich gibts hier auch nachgemachte Sonnenbrillen und Designertaschen-Imitationen. Die Marktstimmung ist bis nach **Psirri** herübergeschwappt, allerdings nur in die heruntergekommeneren Straßen.

Möbel und Design

Damit die Athener sich endlich auch so einrichten können wie der Rest der Welt, hat im April 2004 ein großes schwedisches Möbelhaus seine erste Filiale in der griechischen Hauptstadt eröffnet; in unmittelbarer Nachbarschaft zum Flughafen. Auch wenn sich künftig einiges in den Wohnungen gleichen wird, so gibt es andererseits jede Menge junger Designer, die ihre eigenen Vorstellungen von Wohnaccessoires umsetzen und die Moderne beim Kunsthandwerk eingeleitet haben. Ihre Arbeiten strotzen, so wie übrigens auch viele Werke der Künstler-Nachwuchsgarde, vor Witz und Esprit; schöne Schalen, Kaffeetassen oder Tabletts sind wunderbare Mitbringsel, junge Kunst zu sammeln ein derzeit noch recht preiswerter Geheimtipp.

Schmuck

Wer sich gerne mit teuren Klunkern schmückt, wird in Athen fündig – Juweliere gibt es reichlich. Die griechische Goldschmiedekunst hat eine jahrtausendealte Tradition, und schon lange sind die häufig von antiken oder byzantinischen Vorbildern inspirierten Kreationen der Athener Juweliere in New York ebenso ein Begriff wie in Paris. Als »der« Schmuckdesigner schlechthin gilt **Ilias Lalaounis** (s. u.). Ein besonderes Unikat hat er in der griechischen Hauptstadt für seine Kreationen geschaffen: sein eigenes Museum (s. S. 59).

Zolotas ist der andere Name, der für Schmuck in Athen steht (Stadiou 9 und E. Venizelou 10). Der Familienbetrieb wurde vor rund 115 Jahren gegründet. Es gibt aber auch weniger bekannte Schmuckdesigner, die schönen und gut bezahlbaren Schmuck anbieten, bereits einen Namen gemacht hat sich **Elena Votsi.**

- **Ilias Lalaounis,** Panepistimiou 6/ Voukourestiou, Tel. 21 03 61 13 71. Der Goldschmuck von Lalaounis ist weltweit bekannt.
- **Elena Votsi,** Kolonaki, Xanthou 7, Tel. 21 03 60 09 36; www.elenavotsi.com. Schöner, schlichter und eleganter Schmuck.
- **Nikos Glavas,** Kolonaki, Irodotou 24, Tel. 21 07 29 10 11;

Zolotas ist bekannt für Goldschmuck

www.nikosglavas.gr. Silberschmuck in modern-kühlem Industriedesign.

▪ **Isadora,** Kolonaki, Solonos 27, Tel. 21 03 62 11 45. Poppiger Plastikschmuck.

Mode

▪ **Passion Alley,** Kolonaki, Xanthou 6, Tel. 21 07 25 47 65. Neben eigenen Entwürfen verkauft Vasia Tzotzopoulou Teures von D&G oder Moschino. Devise: Hauptsache bunt.

▪ **Aslanis,** Kolonaki, Anagnostopoulou 16, Tel. 21 03 60 40 94. Michalis Aslanis kreiert große, farbenprächtige Abendroben und Hochzeitskleider (ab 900 Euro).

▪ **Johnson,** Kolonaki, Kanari 6, Tel. 21 03 63 41 00. Schneidert seit Jahrzehnten Hemden auf Maß, aber auch »normale« Hemden und Krawatten bekommt man hier.

▪ **No Name,** Kolonaki, Iraklitou 15, Tel. 21 03 60 48 90; www.no-name.gr. Sportlich Schickes für Männer, nebenan angesagte Klamotten für Frauen.

▪ **Ice Cube,** Kolonaki, Tsakalof 28. Hippe Boutique mit Mode vor allem aus London; teuer.

▪ **BSB,** Filialen u.a. Ermou 69, Tsakalof 8. Junge und bezahlbare Mode.

▪ **Tsantilis,** Panepistimiou 6/Voukourestiou, Tel. 21 03 60 68 15; www.tsantilis.gr. Schick, sexy, teuer.

Edles und Witziges bei Franka

Schuhe und Taschen

▪ **Vassilis Zoulias,** Kolonaki, Kanari 17, Tel. 21 03 61 47 62. Für trendige Trägerinnen; nicht ganz billig.

▪ **Franka,** Psirri, Miaouli 11, Tel. 21 03 21 41 12. Schön-edle Handtaschen, witziger Modeschmuck.

▪ **All about Shoes,** Evangelistrias 8/Ermou, Tel. 21 03 35 64 23, Prada, D&G, Tod's, Nine West u. a.; mit Factoryoutlet (Pireos 76).

▪ **In Shoes,** Eolou 97, Tel. 21 03 31 75 38. Schuhe zum Outlet-Schnäppchen-Preis.

▪ **Spiliopoulos,** Ermou 63, Tel. 21 03 22 75 90. Italienische Schuhe, Taschen und Gürtel.

Bücher

▪ **Konstantopoulou,** Omirou 4, Tel. 21 03 22 52 94; www.dbo.gr. Deutsche Buchhandlung. Hier erhält man auch die deutschen Texte der Theaterstücke, die bei den Athener Festspielen aufgeführt werden.

▪ **Stoa tou Vivliou,** 21 Buchhandlungen in der Arkade zw. Venizelou Eleftheriou und Stadiou, Nähe Omonia.

Musik

Metropolis, Panepistimiou 54, Tel. 21 03 80 85 49. CD's mit griechischer und internationaler Musik.

Kunst/Kunsthandwerk

Astrolavos, Kolonaki, Irodotou 11, Tel. 21 07 22 12 00; www.astrolavos.gr. Kunstshop der gleichnamigen Galerie (Kolonaki, Xanthippou 11). Witzige Skulpturen, Bilder und Schmuck zu fairen Preisen.

Zoumboulakis Galleries, Kolonaki, Haritos 26, Tel. 21 07 25 24 88. Shop der Athener Kunstgalerie im Landhausstil, der alte Möbel, alten Schmuck und Geschirr verkauft. Bilder und Grafiken in der Galerie (Kolonakiplatz 20 und Kriezotou 7).

The Athens Gallery, Pandrosou 14/Kapnikareas. Bilder, Skulpturen und exklusiv signierter Schmuck.

Öffnungszeiten

In der Regel haben die Geschäfte montags, mittwochs und samstags von 9–15 Uhr, dienstags, donnerstags und freitags von 9 bis 14.30 Uhr sowie von 17 bis 20.30 Uhr geöffnet. Größere Läden haben häufig durchgehend auf und schließen am Sonnabend um 18 Uhr. In der Plaka haben die touristischen Läden von 9–21 Uhr geöffnet. In den griechischen Oster- und Weihnachtsferien gelten verlängerte Öffnungszeiten: Mo–Fr 10–21 Uhr, Sa 10 bis 16 Uhr. Am letzten Sonntag im Jahr kann ebenfalls geshoppt werden, und zwar von 10–21 Uhr.

Candle Gallery, Psirri, Apostoli 19. Handgemachte Kerzen in witzigen Formen, z.B. als Schachbrett.

Jap, Kolonaki, Xanthou 6, Tel. 21 07 29 57 39. Farbenfrohes Popart-Allerlei.

Kosmetik

Fresh Line, Kolonaki, Skoufa 10, Tel. 21 03 64 40 15. Bunte Seifen, auch aus Olivenöl.

Mastihashop, Panepistimiou/-Kriezotou, Tel. 21 03 63 27 50; www.mastihashop.com. Kaugummis, Getränke, Bonbons, Cremes aus dem Harz des Mastixbaums.

Kulinarisches

Amélie, Kolonaki, Pindarou 29, Tel. 21 03 61 15 73. Edle Valrhona-Schokolade aus Frankreich in wunderbarer Verpackung und kleines Backwerk aus eigener Produktion.

Loumidis, Aiolou 106. Traditioneller griechischer Kaffee und Zubehör.

Aristokratikon, Karageorgi Servias 9, Tel. 21 03 22 05 46. Ein Paradies für Schokoladenfans (Sintagma-Platz).

Fresh, Kolonaki, Kriezotou 12, Tel. 21 03 64 29 48. Station für Süßmäuler. Im kleinen, farbenfrohen Café gibt es nur zwei Tische, dafür draußen zwei schöne Sitzecken, Schokolade gibt es auch hübsch verpackt zum Mitnehmen; außerdem Salate und Sandwiches. Filiale in Piräus.

Kaufhaus

Notos Galleries (Lambropoulos), Eolou 99. In diesem Kaufhaus unweit des Omonia-Platzes gibt es so ziemlich alles.

Athen am Abend

Sie gehen viel, aber nicht gern allein aus, die Athener! Man trifft sich in der Regel in größerer Runde am früheren Abend in einem Straßencafé, um später weiterzuziehen. Zumindest im Sommer geht man vor 22 Uhr weder zum Essen noch in ein Rembetiko-Lokal. Dort spielen Orchester mit Sängern die Rembetiko-Musik, die Ende des 19. Jhs. von Kleinasien nach Griechenland kam und im Mileu der kleinen Leute und der Halbwelt angesiedelt ist. In den Rembetiko-Clubs kann meist auch gegessen werden und sie sind auch bei Jüngeren wieder beliebt. Alternativ geht es in eine Bar oder später, aber nicht vor Mitternacht, in eine Disko.

Und so braucht sich das Nachtleben nicht mehr hinter dem anderer europäischer Metropolen zu verstecken. Es spielt sich längst nicht nur in der Plaka ab. Psirri, Thisio, Gazi, Exarchia oder Kolonaki sind beliebte Hotspots der vielfältigen Athener Szene. Und natürlich die Strände der Athener Küstenvororte. Denn viele Clubs und Diskotheken – geöffnet meist bis zum Morgengrauen – ziehen im Hochsommer um nach Glifada, Vouliagmeni oder sogar auf die Insel Mykonos.

Ausgehen ist in Athen nicht billig. Jedenfalls nicht, wenn man in Szene-Cafés, In-Bars oder angesagte Lokale geht. Für ein Corona-Bier bzw. ein Glas Cabernet Sauvignon kann man schnell 15 € und für eine 0,33 l Flasche Becks 5 € bezahlen. Griechen trinken deshalb einfach weniger. Üblich ist es auch, in Diskos oder Rembetiko- und Bouzouki-Lokalen als Gruppe eine Flasche Whisky und Cola zu bestellen – das kann dann 80 €, aber auch 120 € kosten.

Rembetiko

- **Stoa tou Athanaton,** im Zentralmarkt/Eingang Odos Sofokleous. Sehr authentisches Rembetiko-Lokal in den über 100 Jahre alten Markthallen im Stile der 1920er Jahre. Im Sommer geschlossen.

Diskos

- **Plussoda,** Ecke Zoodochou Pigis & Odos Akadimias, Exarchia, www.plussoda.com. Eine der bekanntesten Diskotheken mit internationalen DJ's.
- **Dragoste,** Patriarchou Ioakim, Kolonaki. Sehr stylish und mit verschärfter Gesichtskontrolle.

Bars

- **Astron,** Taki 3, Psirri. Kleine, hübsche, familiäre Bar mit guten DJ's im Herzen Psirris.
- **Bee,** Miaouli & Themidos, Psirri. Angesagte Bar im Fifties-Dekor für Bi's und Heteros. Bis 23 Uhr Essen.
- **Spirit Bar,** Miaouli 13, Psirri. Hier läuft Dub, Reggae und Jamaica Bass.
- **Galaxy Bar,** Vas. Sofias 46. Schicker Nightspot auf dem Dach des Hilton

mit tollem Akropolis-Blick. Im Sommer mit Dachterrasse.

- **Stavlos,** Iraklidion 10, Thisio. Angenehme Bar, Club Restaurant in der immer beliebteren Odos Iraklidion.
- **Messiah,** Ecke Ploutarchou und Karneadou, Kolonaki. Dieses Bar-Restaurant gilt als echter In-Place.

Live-Musik

- **Rodon,** Marni 24, Omonia. Traditioneller Auftrittsort bekannter Bands in einem ehemaligen Kino.
- **Half Note,** Odos Trivonianou 17, Mets. Blues und Jazz im weitesten Sinne. Renommierter Auftrittsort in der Nähe des Hauptfriedhofs.
- **Äsopou Mythos,** Äsopou 11, Psirri. Vor Allem Griechisches jenseits von 08/15-Sirtaki.

Theater und Konzerte

- **Megaron Mousikis,** Vasilissis Sofias/Ecke Kokkali, Tel. 21 07 28 23 33, www.megaron.gr. Die moderne Konzerthalle ist die Bühne für internationale Stars und Orchester. Vorwiegend klassische Musik, auch Produktionen von Hatzidakis, Boutounis, Dalaras.
- **Herodes-Attikus-Theater,** Leoforos Dionisios Areopagitou, Tel. 21 03 22 14 95. Spielstätte der Athener Festspiele (s. a. S. 6 f.). Vorverkauf: Panepistimiou 39.
- **Lyriki Skini,** im Olympia-Theater, Akadimias 59, Tel. 21 03 61 24 61. Karten: tägl. 9–21 Uhr. Opern und Ballette der Nationaloper, gelegentlich auch ausländische Gastspiele.

Konzertvorschau und Tipps für Livemusik druckt die deutschsprachige »Athener-Zeitung«; www.athener-zeitung.com.

Die Volkstanzgruppe Dora Stratou

Volkstanz

- **Dora-Stratou-Ensemble,** Philopappos-Theater gegenüber der Akropolis. Das renommierte Theater führt Volkstänze aus allen Regionen des Landes vor. Di–So 22.15 Uhr, Ende Mai–Sept Mi und Sa auch 20.15 Uhr.
- **Lykabettos-Freilichtbühne,** auf dem Lykabettos. Musikveranstaltunen im Rahmen des Athener Festivals (s. S. 6 f; www.hellenicfestival.gr; Vorverkaufsbüro: Panepistimiou 39.

Freiluftkinos

Ein sommerlicher Abendspaß sind die Freiluftkinos, wo viele Filme in Originalsprache – oft Englisch oder Amerikanisch – laufen. Die Vorstellungen beginnen nach Einbruch der Dunkelheit, die letzte Vorführung meist um 23 Uhr. In den meisten Open-air-Kinos werden Snacks und Getränke serviert; manche haben eine Rauchersektion.

- **Cine Paris,** Kidathineon 22, Plaka. Auf Hausdach, mit Akropolisblick.
- **Riviera,** Valtetsiou 46, und **Vox,** Platia Exarchion, beide im Wohn- und Studentenviertel Exarchia.
- **Aigli,** im Zappeion-Park.
- **Cine Psirri,** Sarri 40, im Haus des Restaurants Kouzina Cine Psirri.

Reisewege und Verkehrsmittel

Anreise

Mit dem Flugzeug

Von vielen mitteleuropäischen Flughäfen gibt es häufige Linien- und Charterverbindungen zum modernen Großflughafen **Eleftherios Venizelos** bei Spata, 15 km von Athen. Sechs Expressbuslinien pendeln rund um die Uhr zwischen dem Flughafen und der Athener Metrohaltestelle Ethniki Amyna (Verteidigungsministerium) bzw. Sintagmaplatz (Linie E 94/ E 95). Der Expressbus E 96 verbindet den Flughafen mit Piräus (Platia Karaiskaki). Busfahrscheine für eine Einzelfahrt kosten 2,90 €. Zudem führen die Metro-Linie 3 und die Vorortbahn »Proastiakos« (ab Bahnhof Larissis; www.proastikos.gr) zum Flughafen.

i Flughafen-Information:
Tel. 21 03 53 00 00, www.aia.gr

Mit Auto und Autofähre

Eine Alternative zum Landweg durch Ex-Jugoslawien bieten die häufig von italienischen Adriahäfen verkehrenden Fähren (z. B. ab Ancona oder Brindisi). Tickets nach Patras auf dem Peloponnes oder Igoumenitsa in Reisebüros oder im Internet: www.greekferries.gr.

Unterwegs in Athen und Attika

Mit der Metro (Elektrikos)

Athen hat drei Metro-Linien (die Züge verkehren zwischen 5 Uhr und Mitternacht im Vier- bis Zehn-Minuten-Takt):
1. Kifisia–Omonia–Piräus;
2. Agios Antonios–Agios Dimitrios;
3. Monastiraki–Flughafen (Eleftherios Venizelos).

i www.isap.gr (Linie 1),
www.ametro.gr (Linie 2 u. 3).

Mit der Tram

Pünktlich zu den Olympischen Spielen 2004 sind zwei neue Straßenbahnlinien fertiggestellt worden. Die eine Linie fährt an der Küste entlang von Neo Faliro nach Voula, die andere vom Sintagmaplatz nach Paleo Faliro, wo Verbindung zur Küstenstraßenbahn besteht. In Neo Faliro Umsteigemöglichkeit von und zur Metro.

Mit dem Bus im Stadtverkehr

Athen und Attika verfügen über ein sehr gut ausgebautes Busverkehrsnetz. Innerhalb der Stadt fahren elektrische gelbe Trolleybusse und blaue Stadtbusse. Die grüne Linie 040 verbindet den Sintagmaplatz (Haltestelle: Ecke Filellinon) mit Piräus.

Die Busse fahren von etwa 5 Uhr morgens bis gegen Mitternacht, der grüne Bus rund um die Uhr. Fahrkarten gibt es an den Kiosken.

Mit dem Bus nach Attika

Die orangefarbenen Busse ab der Mavromateon-Straße am Areos-Park fahren die Orte an der attischen Ostküste an: Agia Marina, Marathon, Nea Makri, Oropos, Porto Rafti, Rafina, Rhamnous (Souli), Sounion (über Lavrio oder über die Küstenstraße).

Die blauen Busse ab Panepistimiou fahren in die südlichen Badeorte Glifada (Nr. A 3), Voula (Nr. A 2), Vouliagmei (Nr. A 2). der Bus Nr. A 16 ab Platia Eleftherias nach Dafni und Eleusis.

Mit Überlandbus oder Eisenbahn

Athen hat zwei große Busbahnhöfe: Terminal A (Westgriechenland und Pe-

Empfehlenswert: die Trolleybusse

loponnes), Kifissou 100, und Terminal B (Nord- und Zentralgriechenland), Liossion 260.

Preiswerter, aber auch weniger flexibel ist die Eisenbahn. Die beiden Athener Bahnhöfe liegen unmittelbar hintereinander an der Diligiannis, nordwestlich vom Omoniaplatz.

Infos und Reservierungen: **Organisation Griechischer Eisenbahnen (OSE),** Karolou 1, Tel. 21 03 62 79 47; www.ose.gr

Mit dem Taxi

Athen hat die höchste Taxidichte aller europäischen Hauptstädte. Trotzdem ist es oft schwierig, eines der gelben Fahrzeuge zu bekommen. Es ist daher üblich, dass der Fahrer mehrere Gäste mitnimmt, wenn sie ungefähr in dieselbe Richtung fahren. Der Fahrpreis verringert sich dadurch aber nicht.

Wenn Sie also am Straßenrand einem Taxi winken, rufen Sie Ihr Fahrziel ruhig in einen schon besetzten Wagen hinein. Der Fahrer hält an, wenn es mit der Richtung des anderen Insassen in etwa übereinstimmt. Sind Sie alleiniger Insasse eines Taxis, muss der Fahrer Sie ausdrücklich fra-

Ein Tragflügelboot im Hafen von Piräus

gen, ob er eine andere Person mitnehmen darf. Sie können dies ablehnen.

Funktaxis: Tel. 210 12 03, 21 06 45 70 00.

Mit dem Mietwagen im Stadtverkehr

Alle gängigen Autoverleihfirmen (u. a. Avis, Hertz, Budget, Eurodollar) haben in Athen ihre Niederlassungen. Doch lohnt es sich nicht, für die Dauer des Aufenthalts einen Pkw zu mieten. In Athen ist ein Auto sogar hinderlich. Oft herrscht Stau, und die Fahrweise der Athener zu ertragen, erfordert gute Nerven. Zudem sind Parkplätze rar, fast überall herrscht Parkverbot.

Mit Parksündern kennt die Polizei kein Pardon: Sie schraubt rigoros die Nummernschilder ab, die man nach Bezahlen einer hohen Geldstrafe bei der Verkehrspolizei abholt.

Fähren und Tragflügelboote

Von Piräus fahren Schiffe zu fast allen Ägäischen Inseln. Die Inseln im Saronischen Golf – Ägina, Poros, Hydra, Spetsä – werden von Fähren sowie von den schnelleren (dafür teureren) Tragflügelbooten (vom Zea-Hafen) mehrmals täglich angesteuert. Tickets verkaufen die Agenturen am Hafen.

Die aktuellen Fährverbindungen stehen im Internet auf der Seite »Greek Travel Routes«; www.gtp.gr

Weg 1

1 Karte Seite 48

Im Zentrum: die ***Akropolis

Die Akropolis von Athen ist nicht nur das Wahrzeichen der Stadt, sie ist Sinnbild einer Kultur wie kein zweites Bauensemble auf der Welt. Die Akropolis ohne Rummel kann man wohl nur noch im Winter erleben. Im Sommer ist die beste Zeit der Nachmittag, wenn die Reisebusse wieder fort sind. In diesen Stunden erfährt man noch etwas vom Zauber dieses Ortes. Eilige Besucher können die Besichtigung in zwei Stunden bewältigen. Wer sich aber mehr als einen oberflächlichen Überblick verschaffen will, sollte einen Tag einplanen.

Seit ihrer Entstehung vor 2500 Jahren waren die Bauten der ***Akropolis ❶ Erdbeben, Kriegen und Explosionen ausgesetzt. Aber erst im 20. Jh. richteten Umwelteinflüsse wie Smog, Auto- und Industrieabgase in wenigen Jahrzehnten ein solches Zerstörungswerk an, dass sie an den Rand des Untergangs geriet. Saurer Regen zerfraß die Skulpturen und Friese, die jetzt im Museum stehen, und ließ den Marmor der Säulen bröseln. Für Akropolis, antike Agora, römische Agora, Dionysostheater, Kerameikos und Olympieion gibt es ein verbilligtes Sammelticket (12 €). Öffnungszeiten: April bis 15. Okt. Mo–So 8–19, sonst 8–17 Uhr.

Geschichte

Der Akropolisfelsen war zwar schon um 3000 v. Chr. besiedelt, wurde aber erst in der mykenischen Zeit zum beherrschenden Platz der Stadt. Damals, in der Mitte des 2. Jahrtausends, stand hier ein Königspalast, von dem jedoch nichts erhalten ist. Sichtbar sind noch Reste der mykenischen Befestigungsmauer, die das gesamte Felsplateau umschloss.

Das gewaltige Bollwerk erregte schon im Altertum als technische Meisterleistung Bewunderung. Man glaubte, es sei nicht von Menschenhand, und schrieb es den Kyklopen zu. In die mykenische Zeit fällt auch der Mythos von der Gründung der Stadt Athen, um die sich ein ganzes Sagengeflecht rankt. Als ihr Ahnherr oder Urkönig gilt der aus dem Erdboden geborene König Kekrops. Kekrops war auch der Schiedsrichter im Streit zwischen Poseidon und Athene um die Herrschaft über Attika. Poseidon wollte dem Wassermangel abhelfen und ließ eine Quelle sprudeln. Athene pflanzte den Ölbaum, der später den Wohlstand von Attika begründen sollte. Kekrops sprach Athene den Sieg zu, fortan hieß die Stadt nach ihr Athinai. Das Grab des Kekrops befindet sich an der Stelle, an der Ölbaum und Quelle der Erde entsprossen und Perikles ein Jahrtausend später das Erechtheion bauen ließ.

Der Hochklassizismus

Nach dem Zusammenbruch der mykenischen Hochkultur und den »dunklen Jahrhunderten« wurde die Akropolis um 800 v. Chr. zum heiligen Bezirk umgestaltet, in dem man eine Vielzahl von Gottheiten verehrte. Alle Tempel aus dem 7./6. Jh. v. Chr. wurden 480 v. Chr. von den Persern niedergebrannt und geplündert. Unter dem sog. Perserschutt entdeckte man erst 1865 die der Zerstörung entgangenen Kunstwerke, darunter die berühmten Koren, die heute im Akropolismuseum stehen.

1
Karte Seite 48

Erst in der zweiten Hälfte des 5. Jhs., dem Goldenen oder perikleischen Zeitalter, entstanden die hochklassischen Monumentalbauten, die wir heute sehen. Damals gelangte Athen in einem kurzen Zeitraum nicht nur auf politischem und militärischem Gebiet zu einer nie wieder erreichten Dynamik, auch Kunst und Theater, Philosophie und Architektur florierten wie niemals zuvor oder danach. Zu dieser Zeit entstanden im Verlauf von nur vier Jahrzehnten Parthenon (447 bis 438 v. Chr.), Propyläen (437–432 v. Chr.), Niketempel (432–421 v. Chr.) und Erechtheion (421–406 v. Chr.). Um das gewaltige Bauprogramm zu finanzieren, griff Perikles in die Kasse des Attisch-Delischen Seebundes, die erst 454 mit fadenscheinigen Begründungen von Delos nach Athen geholt worden war.

Die klassische Kunst Athens prägte von nun an die Architektur der gesamten antiken Welt. Vorbildcharakter hatte sie erneut im 19. Jh., als ein schwärmerischer Philhellenismus die ganze Welt ergriff. Amerikanische und europäische Architekten orientierten sich an den einfachen, klaren Formen der Akropolisbauten oder imitierten sie gar. So steht beispielsweise eine neuzeitliche Adaption des Parthenon am Donauufer bei Regensburg – die von Leo von Klenze 1830–1842 erbaute Walhalla. Eine andere Kopie des klassischen Originals ist der Stolz der Bürger von Nashville/Tennessee. Die Propyläen waren Vorbild für das Brandenburger Tor in Berlin, und die St. Pancras-Kirche in London kopiert das Erechtheion, um hier nur einige Beispiele zu nennen.

Von den Römern zu den Türken

Auf dem Akropolishügel kamen neue Bauten erst in der römischen Zeit hinzu. Gegen Ende des 1. Jhs. v. Chr. wurde östlich des Parthenons ein kleiner Rundtempel errichtet, der Roma und Augustus geweiht war. Im 3. Jh. entstand das Beulé-Tor, durch das man heute die Akropolis betritt. Der französische Archäologe Ernest Beulé entdeckte es 1852 unter den türkischen Befestigungen.

Im Laufe der Jahrhunderte erlebten die Akropolisbauten ein wechselvolles Schicksal. In der byzantinischen Zeit wurden Parthenon, Niketempel und Erechtheion in christliche Kirchen umgewandelt. Die Propyläen waren Amtssitz des Bischofs, denn Athen war, obwohl zu dieser Zeit bereits bedeutungslos und ärmlich, doch immerhin noch eine Bischofsstadt. Für Michael Choniates, einen kultivierten Geistlichen aus Konstantinopel, war sie nur noch eine »Stadt des Jammers … tief begraben unter Steingeröll und Schutt«. Er musste hier 30 Jahre ausharren, bis man ihn auf seine Bitten hin im Jahre 1204 endlich abberief. Später, im frühen 15. Jh., bauten die Venezianer Propyläen und Erechtheion zu Palästen um. Außerdem errichteten sie den 27 m hohen »Frankenturm«; er wurde 1874 abgerissen, als man die Akropolis in ihrem klassischen Zustand wiederherzustellen begann. Seit 1458 hielten die Türken den Burgberg besetzt. Sie bauten in den Parthenon eine Moschee und nutzten ihn später als Pulvermagazin. Das Erechtheion war der Harem des Festungskommandanten, der in den Propyläen residierte.

Die Moderne

Sogleich nach dem Abzug der Türken 1833 begannen die Abriss- und Restaurierungsarbeiten. Zuvor aber wurde die Akropolis von allem gereinigt,

Weltberühmt: die Akropolis

1
Karte Seite 43

was nicht klassisch war – und damit auch von ihrer wechselvollen geschichtlichen Vergangenheit. Beteiligt an der Säuberung waren neben griechischen vor allem deutsche Archäologen. Übrig blieb, was wir heute vor uns sehen: ein künstliches Ruinenensemble aus vier isoliert dastehenden Großbauten.

Die Propyläen

Man betritt die Akropolis durch das **Beulé-Tor** Ⓐ, den heutigen Haupteingang, der unter Kaiser Valerian kurz vor dem Heruler-Einfall 267 n. Chr. in aller Eile errichtet wurde.

Über die von den Römern angelegte große Freitreppe geht es weiter zu den **Propyläen** Ⓑ empor, dem prachtvollen, monumentalen Eingangsbereich, den der Athener Architekt Mnesikles entwarf und an der Stelle eines kleinen archaischen Tors errichtete. Mnesikles' Baukonzeption war revolutionär; sie stellte alles in den Schatten, was bis dahin üblich war. Die Propyläen sind eine sehr komplexe Anlage, die höchste repräsentative Ansprüche erfüllte. So gleicht schon die zentrale Eingangshalle mit ihren jeweils sechs dorischen Frontsäulen mehr einem Tempel als einem Torbau. Im Gegensatz zur schlichten dorischen Fassade war das Innere prunkvoll gestaltet. Zwei Reihen von jeweils drei ionischen Säulen stützten das Dach mit der Kassettendecke, die wie ein Himmelszelt mit Goldsternchen auf blauem Grund ausgemalt war.

Der Nordflügel bestand aus einer Vorhalle und einem sich daran anschließenden fast quadratischen Saal, der als Raststätte für Akropolis-Besucher diente. Seine Wände waren mit Fresken und Tafelbildern geschmückt, darunter Polygnots berühmtes Gemälde »Achilles auf Skyros«. Wegen seiner üppigen Ausschmückung wurde der Raum schon im Altertum als Pinakothek (Gemäldesammlung) bezeichnet. Der Südflügel wurde mit Rücksicht auf den Niketempel kleiner gehalten. Trotzdem erscheint die Anlage symmetrisch.

Eingang zur Akropolis: die Säulen der Propyläen

Das etwas unterhalb des Nordflügels stehende mächtige Pfeilermonument trug einst das bronzene **Viergespann des Agrippa** Ⓒ: Der Schwiegersohn des Kaisers Augustus war ab 27 v. Chr. Statthalter Roms in Athen.

Niketempel Ⓓ

Dem Viergespann gegenüber erhebt sich auf einem Felsvorsprung und weithin sichtbar der zierliche ionische Niketempel, der neben den Propyläen winzig wirkt. Schon in archaischer Zeit stand hier ein Kultbau auf einem Plateau, das für den neuen Tempel der Athena Nike erheblich vergrößert

1 Karte Seite 43

wurde. Dennoch blieb die Fläche beschränkt, die Kallikrates für den Bau des Tempels (5,7 mal 8,3 m) zur Verfügung stand. In der fast quadratischen Cella stand das Kultbild der Athena Nike, der Siegesgöttin Athene, die, wie uns Pausanias berichtet, flügellos dargestellt wurde. Der umlaufende Relieffries befindet sich im Akropolis-Museum.

Von den folgenden Bauten sind nur noch Fragmente erhalten: dem **Heiligtum der Artemis Brauronia** Ⓔ, das der aus Brauron stammende Peisistratos hier im 6. Jh. v. Chr. einrichtete, der **Chalkothek** Ⓕ, in der Weihegaben aufbewahrt wurden, und der Basis, die einst die von Phidias um 460 v. Chr. geschaffene bronzene **Statue der Athena Promachos** Ⓖ (»Vorkämpferin Athene«) trug. Die Figur der behelmten Göttin mit Schild und goldener Lanze war so hoch, dass die Schiffer sie schon sahen, wenn sie Kap Sounion umrundet hatten. Unter Justinian wurde sie nach Konstantinopel verschleppt und bei einem Brand

- Ⓐ Beulé-Tor
- Ⓑ Propyläen
- Ⓒ Viergespann des Agrippa
- Ⓓ Niketempel
- Ⓔ Heiligtum der Artemis Brauronia
- Ⓕ Chalkothek
- Ⓖ Statue der Athena Promachos
- Ⓗ Alter Athenatempel
- Ⓘ Heiligtum des Zeus Polieus
- Ⓙ Rundtempel für Roma und Augustus
- Ⓚ Parthenon
- Ⓛ Erechtheion
- Ⓜ Akropolismuseum
- Ⓝ Belvedere
- Ⓞ Orchestra
- Ⓟ Eumenes-Stoa

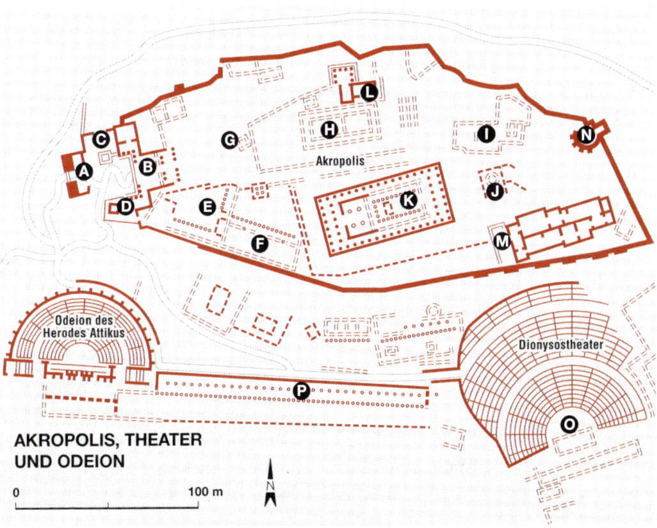

1
Karte Seite 43

zerstört. Auch vom **Alten Athenatempel** Ⓗ, dem **Heiligtum des Zeus Polieus** Ⓘ und dem ionischen **Rundtempel für Roma und Augustus** Ⓙ blieben nur geringe Reste.

Parthenon Ⓚ

Der in nur neun Jahren Bauzeit errichtete Athenatempel wurde 438 v. Chr. zu den Großen Panathenäen eingeweiht. Er übertraf alles, was bis dahin in griechischen Städten gebaut worden war. Auch heute noch strahlt dieser ehrwürdige Bau eine Harmonie aus, die er äußerster technischer Präzision verdankt. Auf ganz subtile, genau kalkulierte Weise gelang es seinen Schöpfern, dem mächtigen Tempel durch eine kaum sichtbare Krümmung und Wölbung aller horizontalen und vertikalen Linien die Schwere zu nehmen und die majestätische Wirkung zu erreichen. Die Stufen des Unterbaus sind schwach nach oben gewölbt und alle Säulen wenige Zentimeter nach innen geneigt, so dass sich der Bau fast unmerklich nach oben hin verjüngt. Der Bauplan stammte von den führenden Architekten der damaligen Zeit, Iktinos und Kallikrates, der – allerdings erst 432 v. Chr. vollendete – Skulpturenschmuck von Phidias.

Die berühmte 12 m hohe Gold-Elfenbein-Statue der Athena Parthenos war dagegen zur Eröffnung des Tempels fertiggestellt worden. Sie wurde in Gegenwart des Perikles geweiht. Auch diese von Phidias geschaffene Skulptur wurde später nach Konstantinopel gebracht und ist seitdem verschollen.

Den ganzen Tempel umzog ein dorischer Fries mit dem herrlichsten, z. T. rundplastisch ausgearbeiteten Skulpturenschmuck. Auf seinen 92 Metopen (oft reliefverzierte Platten als Teil des dorischen Tempelfrieses) waren Götterversammlungen und die Einnahme Trojas (Nordseite), Kämpfe der Götter gegen die Giganten (Ostseite), die Amazonenschlacht (im Westen) und die Kentaurenschlacht (im Süden) dargestellt. Der wohl schönste Schmuck aber war der 160 m lange und 1 m hohe Relieffries, der im Innern, an der Außenwand der ungewöhnlich großen Cella, umlief. Auf ihm war der Panathenäenfestzug dargestellt, mit dem alle vier Jahre der Athene ein neues Gewand (Peplos) dargebracht wurde.

Explosion

Kaum ein Akropolis-Besucher weiß, dass der Parthenon mehr als zwei Jahrtausende relativ unversehrt überlebt hatte. Sein jetziger Zustand wird gewöhnlich dem Zahn der Zeit zugeschrieben und nach so vielen Jahrhunderten als durchaus normal empfunden. Dabei ist der Athenatempel jedoch erst vor gut 300 Jahren zerstört worden. Damals, im Jahr 1687, belagerte ein von dem venezianischen General Francesco Morosini befehligtes Söldnerheer den von den Türken zur Festung ausgebauten Burgberg. Eine vom Philopapposhügel am Abend des 26. September abgefeuerte Kanonenkugel – der Schütze war ein Soldat namens Schwarz aus Lüneburg – landete einen Volltreffer: Sie durchschlug das Dach des Parthenons und sprengte das Pulvermagazin, das die Türken dort eingerichtet hatten. Unter den herabstürzenden Trümmern starben mehr als 300 Türken. Aus den

Noch heute lässt er seine einstige Bedeutung erahnen: der Parthenon

1 Karte Seite 43

Trümmern der umgestürzten Säulen, Skulpturen und Friese bedienten sich wenig später die Reisenden des 18. Jhs., nachdem in Westeuropa das Antikenfieber ausgebrochen war.

Das war aber noch gar nichts gegen die systematische Demontage der Akropolis, die Anfang des 19. Jhs. einsetzte und eng mit dem Namen Lord Elgin verknüpft ist. Der Lord, von 1799 bis 1803 britischer Botschafter in Konstantinopel, entfernte mit Genehmigung des Sultans Skulpturen, Friese und Metopen von den Bauten und ließ sie nach Großbritannien transportieren. Mehrere Jahre lang waren zeitweilig bis zu 400 Arbeiter mit dem Abbau der Monumente beschäftigt. Die – formal legale – Aktion Elgins fand jedoch keineswegs die ungeteilte Zustimmung seiner Zeitgenossen. Lord Byron bezeichnete ihn als Tempelschänder und Vandalen, für Alexander von Humboldt war sein Vorgehen ein gigantischer Raub. Harsche Kritik übte auch Fürst Pückler-Muskau: »Hätte Lord Elgin den ganzen Parthenon nach England verschiffen können, so möchte er zu entschuldigen sein. Ihn aber nur roh zu zerstören, um den Raub nachher zu verkaufen, bleibt ewig unverzeihlich.«

Elgin rechtfertigte sein Vorgehen damit, die Kunstwerke vor dem Verfall retten zu wollen; viele Experten stimmten dieser Auffassung zu. Als die Kulturministerin Melina Mercouri (1925–1994) die »Elgin Marbles« zurückforderte, lehnten die britischen Archäologen ihr Ansinnen ab: Die Kunstwerke würden, hätte Athen sie behalten, gar nicht mehr existieren. Schließlich seien die am Ort belassenen Skulpturen im Smog bis zur Unkenntlichkeit entstellt. Heute sind die »Elgin Marbles« die Attraktion des Britischen Museums. Die Hoffnung, dass London die Skulpturen eines Tages zurückgibt, hat man in Athen noch nicht aufgegeben.

1
Karte
Seite
43

Teilansicht des Erechtheions

Erechtheion L

Der 421–406 v. Chr., schon während des Peloponnesischen Krieges, errichtete Tempel vereinigte mehrere heilige Stätten unter seinem Dach, woraus sich auch seine komplizierte Anlage erklärt. Hier wurden die mythischen Könige von Athen, Kekrops und Erechtheus, verehrt, außerdem Athene und Poseidon, die hier um die Vorherrschaft in Attika kämpften.

Der schönste Teil des eleganten ionischen Tempels ist die anmutige Südhalle, deren Gebälk nicht von Säulen, sondern von sechs Mädchengestalten, den Karyatiden oder Koren, getragen wird. Die Originale (im Akropolismuseum) wurden durch Kopien ersetzt.

Akropolismuseum M

Das in eine Hügelmulde an der Südostecke hinein gebaute Museum beherbergt fast alle auf der Akropolis gemachten Funde. Zu den Meisterwerken gehören neben den Parthenonskulpturen und den Balustradenreliefs vom Niketempel (mit der reizvollen »sandalenlösenden Nike«) der Kalbträger (Moschophoros; um 570 v. Chr.), die archaischen Koren, der Kritiosknabe (um 485 v. Chr.) sowie das Relief mit einer verinnerlicht wirkenden »trauernden Athene« und der wunderschöne melancholische »blonde Kopf«; es sind typische Beispiele des »strengen Stils« (um 480 v. Chr.). Das Museum ist zu denselben Zeiten geöffnet wie die Akropolis, s. S. 39.

Rettungsmaßnahmen

Die weltberühmten Baudenkmäler wären unweigerlich der totalen Auflösung anheim gefallen, hätte nicht 1977 die längst überfällige Rettungsaktion begonnen. Inzwischen ist die Generalsanierung, die der Athener Bauhistoriker und Architekt Manolis Korres leitet, in ihr letztes Stadium getreten. Am längsten ziehen sich die Arbeiten am Parthenon hin, der unter Perikles in der Rekordzeit von nur neun Jahren vollendet wurde. Die Restaurierung der Ruine dauert bereits erheblich länger. Sie ist u. a. deshalb so schwierig, weil die Mauern und Marmorblöcke Stück für Stück auseinander genommen und wieder zusammengesetzt werden müssen, um die rostenden Eisenteile zu erneuern, die bei der ersten Wiederherstellung um 1900 benutzt worden waren. Man ersetzt das Eisen jetzt durch das nicht oxydierende Titan. Die Arbeiten sollen 2007 abgeschlossen sein.

1 Karte Seite 48

Aus vorchristlicher Zeit stammt das Grabmal des Philopappos

Benachbarte Hügel

Nachdem man vom **Belvedere** Ⓝ den Blick über Athen genossen hat, sollte man die historischen Hügel westlich der Akropolis besuchen. Rechts vom Ausgang ragt der »Felsen des Ares« auf, der **Areopag** ❷. In der Antike urteilte hier das Gericht über Kapitalverbrechen. Auch Orest musste sich dort wegen Mordes an seiner Mutter Klytämnestra verantworten. Paulus hielt hier seine Rede an die Athener.

Pnyx, Nymphen- und Philopapposhügel sind von hübschen Spazierwegen durchzogen. Man erreicht sie über die Apostolou Pavlou. Auf der **Pnyx** ❸ tagte vom 6. bis 4. Jh. v. Chr. die Ekklesia, die Volksversammlung, die auch den Akropolisbau diskutierte und beschloss. Jeder attische Bürger konnte zur Tagesordnung Stellung nehmen, Änderungsanträge und Vorschläge machen oder eine Diskussion verlangen. Um eine Versammlung beschlussfähig zu machen, mussten mindestens 5000 Bürger anwesend sein. Erhalten sind Reste der Rednertribüne (Bema) und der Stützmauer. Heute findet hier die »Ton-Licht-Schau« statt. Den **Nymphenhügel** ❹ bekrönt die Sternwarte (Asteroskopeion), die 1843 Baron Sina stiftete. Seinen Namen hat der Hügel nach einer den Nymphen gewidmeten Inschrift, die hier in der Antike verehrt wurden.

Der **Philopapposhügel** ❺ war den Musen geweiht. Auf seinem Gipfel (147 m) steht das Grabmal des Philopappos (um 115 v. Chr.), eines Enkels des syrischen Königs Antiochos IV. und ersten Athener Konsuls in Rom.

★ Vom Nymphenhügel kann man – vorbei an der Kirche Agia Marina – in die nahe **Odos Iraklidon** gehen, in der eine Taverne an der anderen liegt.

★ Im **Zentrum für Akropolisstudien** ❻, Makrigianni 2, kann man sein Wissen über die Akropolis vertiefen (z. Zeit geschlossen). In dem 1836 von Wilhelm von Weiler erbauten ehemaligen Militärhospital werden Abgüsse des Skulpturenschmucks, Gipsmodelle, Zeichnungen und Pläne der Akropolis u. a. vorgestellt. Nebenan soll in den nächsten Jahren das neue Akropolismuseum entstehen.

1

1 Akropolis
2 Areopag
3 Pnyx
4 Nymphenhügel
5 Philopapposhügel
6 Zentrum für Akropolis-studien
7 Griechische Agora
8 Dionysostheater
9 Odeion des Herodes Attikus
10 Lalaounis-Museum
11 Lysikrates-Monument
12 Agia Ekaterini
13 Sotira Kottaki
14 Volkskunstmuseum
15 Kinderkunst-museum
16 Agia Dynamis
17 Große Mitropolis
18 Kleine Mitropolis
19 Kapnikarea
20 Pantanassa-Kirche
21 Tzisdaraki-Moschee
22 Hadriansbibliothek
23 Römische Agora
24 Turm der Winde

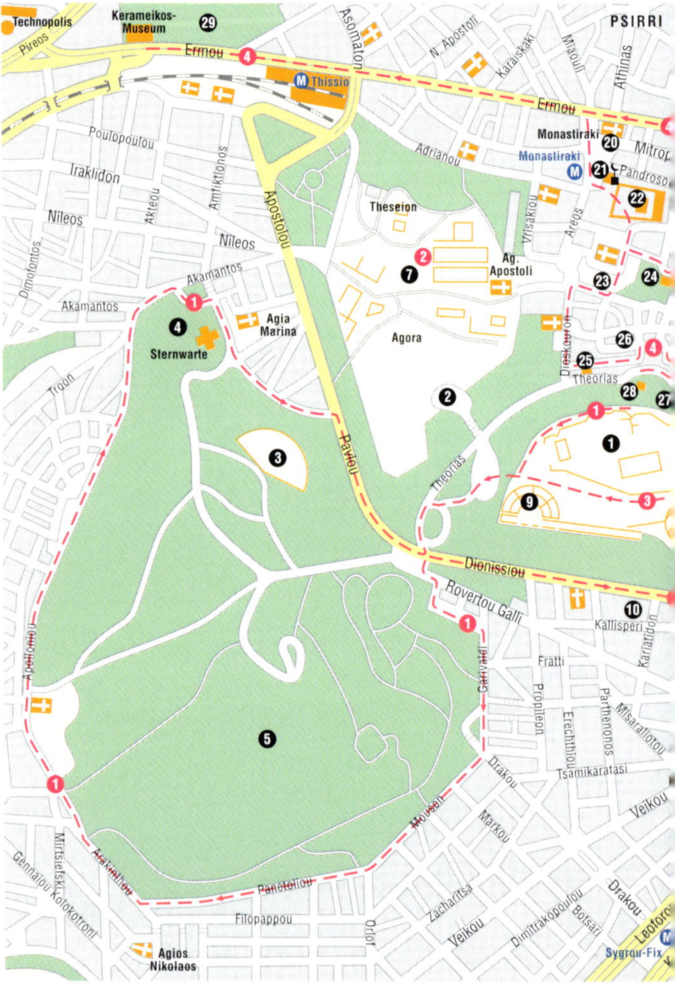

- 25 Kanellopoulos-Museum
- 26 Schaubert-und-Kleanthis-Haus
- 27 Anafiotika-Viertel
- 28 Metamorfosis tou Sotiros
- 29 Kerameikos
- 30 Königliches Schloss (Parlament)
- 31 Hotel Grande Bretagne
- 32 Nationalgarten
- 33 Zappion
- 34 Neues Schloss
- 35 Megaron Maximou
- 36 Kaserne der Evzonen
- 37 Wohnhaus Likiardopoulos
- 38 St. Paul
- 39 Russische Nikodimos-Kirche
- 40 Wohnhaus von K. Mavromichalis
- 41–50 s. S. 80/81 (Weg 6)
- 51 Hadrianstor
- 52 Olympieion
- 53 Erster athenischer Friedhof
- 54 Stadion

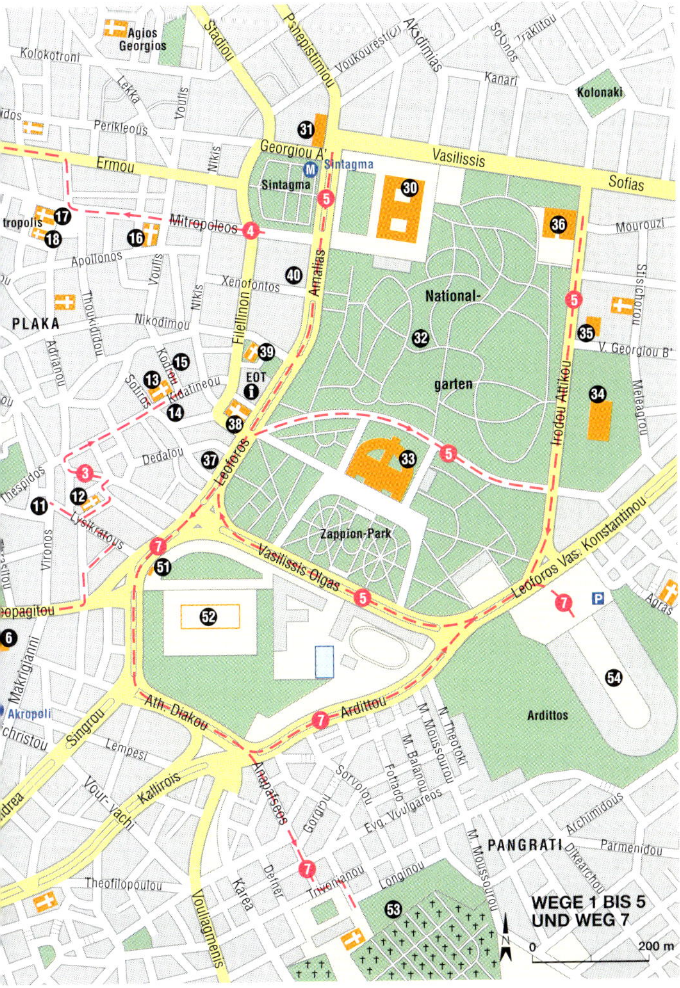

Weg 2

Die griechische **Agora

2 Karte Seite 48

Vom Areopag führt ein Fußweg hinunter zur antiken Agora, neben der Akropolis die wichtigste archäologische Stätte Athens. Um allerdings eine Vorstellung von der einstigen Bedeutung dieser archäologischen Kostbarkeit zu bekommen, bedarf es schon etwas Phantasie und einiger Kenntnisse der fesselnden Historie dieses Platzes. Sonst bleibt er nur ein – wenn auch edles – Trümmerfeld aus geborstenen Säulen und Fundamenten. Der Haupteingang zur antiken Agora liegt an der Straße Adrianou.

Die **Agora ❼**, der Marktplatz und Versammlungsort, war gut und gerne tausend Jahre lang das politische, wirtschaftliche und gesellschaftliche Zentrum des antiken Athen. Die Männer fanden sich gewöhnlich schon am frühen Vormittag hier ein, um die Themen des Tages zu besprechen, um Geschäfte zu machen – oder einfach auch nur, um den allerneuesten Klatsch zu erfahren.

Wer Muße hatte, hielt sich fast ständig hier auf, tat etwas für seine Fitness in der Ringerhalle oder für seine Bildung in der Philosophenschule, in der unter anderen keine Geringeren als Sokrates und Platon lehrten.

In der gut besuchten Schenke trank man zusammen mit Freunden seinen Wein und diskutierte, vermutlich ebenso leidenschaftlich und lautstark wie heute, die große und die kleine Politik.

Natürlich gab es hier auch die Läden, in denen man Öl, Gemüse, Fisch und Fleisch einkaufte, den Schuster – und natürlich den Friseur, damals wie heute die beste Nachrichtenbörse.

Im Laufe der Jahrhunderte wurde die Agora mehrfach verwüstet und immer wieder neu aufgebaut, nach dem Slaweneinfall 580 wurde sie dann aber endgültig zerstört. Wieder entdeckt wurde sie im Jahr 1890 eher zufällig bei Ausschachtungsarbeiten für den Bau der Metro. Damals war das ganze Gebiet noch ein Wohnbezirk. Die baufälligen Häuser wurden aber erst abgerissen, als das Viertel 1930 zur archäologischen Zone erklärt wurde. Rund 5000 Bewohner mussten damals umgesiedelt werden. Das geschah mit finanzieller Unterstützung von John D. Rockefeller jr., der das Gelände gekauft hatte. Ein Jahr später begann die American School of Classical Studies mit den Ausgrabungsarbeiten, die bis heute andauern.

Die Agora war auch Schauplatz von Gerichtsverfahren, und hier befand sich neben dem Rathaus und anderen Amtsgebäuden, in denen die athenische Demokratie verwaltet wurde, auch das Gefängnis, die »Richtstätte«, in welcher der zum Tode verurteilte Philosoph Sokrates der Überlieferung nach den Schierlingsbecher trank. Man hatte ihn im Jahre 399 v. Chr. für schuldig befunden, die athenische Jugend durch seine Lehren verführt zu haben.

Einen fantastischen und noch dazu äußerst bequemen Blick auf die Agora hat man von den Cafés in der Adrianou in der Nähe der Metrostation Thisio. Am frühen Abend sind sie ein äußerst beliebter Treffpunkt, besonders für die jüngeren Athener.

**Hephaistostempel A

Die Westseite der Agora beherrscht der Hephaistostempel. Er erhebt sich auf einer schön bepflanzten Terrasse, von der aus man das gesamte Gelände überblickt. Der etwas gedrungen wirkende dorische Tempel entstand etwa zur selben Zeit wie der Parthenon. Wegen des ihn außen umziehenden dorischen Frieses, dessen verwitterte Metopen außer den Taten des Herakles auch die des Athener Helden Theseus schildern, wurde er lange Zeit **Theseion** (Thission) genannt. So heißt er im Volksmund noch heute.

Der Ringhallentempel ist 32 m lang und 14 m breit, mit je 13 Säulen an den Längs- und je sechs an den Breitseiten. Im Hauptraum waren die bronzenen Kultbilder des Hephaistos und der Athena Ergane aufgestellt, unter deren Schutz die Handwerker standen. Die beiden Statuen hatte der Phidias-Schüler Alkamenes geschaffen.

Seinen guten Erhaltungszustand – das Hephaistion ist der besterhaltene Tempel ganz Griechenlands – ver-

2 Karte Seite 51

- A Hephaistostempel
- B Tholos
- C Metroon
- D Bouleuterion
- E Tempel des Apollon Patroos
- F Säulenhalle
- G Stoa Basileos
- H Stoa Poikile
- I Zwölfgötteraltar
- J Arestempel
- K Odeion
- L Mittelstoa
- M Werkstatt des Schusters Simon
- N Heliaia
- O Gefängnis
- P Südstoa
- Q Stoa des Attalos
- R Pantainos-Bibliothek
- S Agii Apostoli

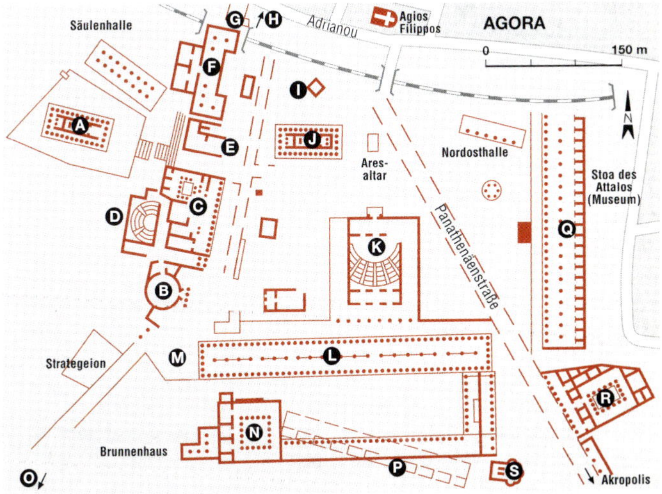

Hervorragend erhalten ist der Hephaistostempel

2 Karte Seite 51

dankt er der Tatsache, dass er vom 7. bis ins 19. Jh. als christliche Kirche diente. Danach war er archäologisches Museum, bis 1889 das Nationalmuseum seine Pforten öffnete.

Öffentliche Gebäude

Die wichtigsten öffentlichen Gebäude standen im Westen der Agora. Kommt man vom Hephaistostempel hinunter auf die Agora, erblickt man die Grundfläche des **Tholos** Ⓑ, eines um 470 v. Chr. erstellten Rundbaus von knapp 20 m Durchmesser. In ihm amtierten turnusmäßig die Prytanen (Vorsteher), jeweils 50 Ratsherren aus der 500-köpfigen Ratsversammlung, die die laufenden Staatsangelegenheiten zu bearbeiten hatten. Ein Drittel von ihnen musste ständig anwesend sein, sogar nachts. Im Prytaneion wurden auch besonders verdiente Bürger oder ausländische Gesandte bewirtet. Erst als die amerikanischen Archäologen 1934 die Rotunde freilegten, waren sie sicher, die Agora auch wirklich entdeckt zu haben.

Unmittelbar nördlich steht neben dem als Staatsarchiv dienenden **Metroon** Ⓒ das **Bouleuterion** Ⓓ, das Ratsgebäude, in dem der von Kleisthenes eingerichtete »Rat der Fünfhundert« tagte. Er war die wichtigste Vertretung der Bürgerschaft.

Hinter dem kleinen, um 330 v. Chr. erbauten **Tempel des Apollon Patroos** Ⓔ errichtete man um 430 v. Chr. dem Zeus Eleutherios (»Befreier«) eine prächtige **Säulenhalle** Ⓕ, von der ebenfalls nur noch die Fundamente stehen. Ihr schloss sich nördlich die **Stoa Basileos** Ⓖ an, der relativ kleine Amtssitz des obersten Archonten (Archon Basileus). Hier wurden seinerzeit die besonderen Rechtsfälle verhandelt, die in die Zuständigkeit dieses wichtigen Beamten fielen. In der erst 1970 freigelegten Stoa wurden auch die Gesetzestafeln Solons und Drakons aufbewahrt.

Zehn Jahre später entdeckte man jenseits des Panathenäenweges, der die ganze Agora durchquerte, die **Stoa Poikile** Ⓗ, die »Bemalte Halle« (um 460 v. Chr.). Diesen Namen erhielt sie, weil sie mit Gemälden der berühmtesten Künstler ausgeschmückt war. Namentlich bekannt sind Polygnot und Mikon. Weil um 300 v. Chr. auch der zyprische Philosoph Zenon seine Schüler hier unterrichtete, wurden die von ihm begründete Lehre als Stoa und ihre Anhänger als Stoiker bezeichnet.

Nur noch wenige Spuren sind sichtbar vom **Zwölfgötteraltar** Ⓘ, der zum einen als zentraler Meilenstein der Stadt fungierte und andererseits Asyl für Verfolgte bot, die in Athen Schutz suchten.

Kaum besser erhalten ist der dorische **Arestempel** Ⓙ nördlich des **Odeions** Ⓚ. Das überdachte Konzertgebäude ließ Agrippa, Feldherr und Schwiegersohn des Kaisers Augustus, um 20 v. Chr. errichten. Der Bau hatte 18 Sitzreihen und bot etwa 1000 Zuschauern Platz. Später wurde es das Auditorium der Sophisten. Nach seiner Zerstörung durch die Heruler im Jahre 267 n. Chr. wurde es wieder aufgebaut und hatte als Zentrum der Athener Universität einen Ruf über die Stadt hinaus, bis Justinian die Schule 529 schließen ließ.

Wenig erhalten blieb auch von den sich südlich anschließenden Gebäuden, wie z. B. der **Mittelstoa** Ⓛ, mit fast 150 m Länge das größte Gebäude der Agora, der **Werkstatt** Ⓜ des mit Sokrates befreundeten Schusters Simon – in seinem Haus unterrichtete er diejenigen Schuler, die wegen ihrer Jugend die Agora noch nicht betreten durften –, und der **Heliaia** Ⓝ, dem Geschworenengerichtshof, den Solon eingerichtet hatte.

2 Karte Seite 51

Das Mäzenatentum – Tradition von der Antike bis heute

Die Stoa an der Agora ist ein eindrucksvolles Beispiel für die nach Alexander dem Großen einsetzende Spendierfreudigkeit der Diadochenherrscher für Athen. Obwohl die Stadt politisch bedeutungslos geworden war, sahen sie in ihr noch immer das geistige Zentrum des griechischen Mutterlandes. Damit wurden die Nachfolger Alexanders zu Wohltätern Athens, das ihnen weit ehrwürdiger erschien als die neuen Machtzentren Alexandria und Antiochia.

Später verewigten sich die griechenfreundlichen Römerkaiser Augustus und besonders Hadrian durch repräsentative Bauten in Athen. Aber auch Bürger wie der steinreiche Herodes Attikus taten sich als Wohltäter hervor. Er gab viel Geld für prächtige Bauten aus, z. B. für das nach ihm benannte Odeion, heute der festliche Rahmen für die Athener Festspiele, oder das Stadion.

Im 19. Jh., als in ganz Westeuropa der Philhellenismus Wellen schlug, wurde diese Tradition von wohlhabenden Auslandsgriechen wieder aufgenommen. So trug der in Wien lebende Baron Sina, ein betuchter Bankier, die Kosten für den Bau der Athener Akademie und des Observatoriums auf dem Nymphenhügel. Das zu den ersten Olympischen Spielen der Neuzeit 1896 wieder errichtete Stadion finanzierte Georgios Averoff (1867–1930). Beflügelt von soviel Großzügigkeit zogen andere nach, z. B. Andreas Syngros, ein nationaler Wohltäter und gerissener Geschäftsmann zugleich. Nach ihm ist der Leoforos (Boulevard) Syngrou benannt.

Im 20. Jh. richteten viele reiche Griechen Kunstsammlungen und Museen ein, wie z. B. Antonios Benakis (Benaki-Museum), der im ägyptischen Baumwollhandel reüssiert hatte, oder das Reederehepaar Nicolas und Dolly Goulandris (Museum für kykladische Kunst). Andere engagieren sich im sozialen oder im Bildungsbereich. Viele gemeinnützige Einrichtungen können überhaupt nur durch private Spenden und Schenkungen überleben. Das Mäzenatentum wurzelt in dem spezifisch griechischen Ehrgefühl, dem *Filotimo*, der Verpflichtung, etwas für sein Land tun zu müssen. Private Stiftungen haben in Griechenland einen großen Stellenwert.

Teilansicht der Mittelstoa

2
Karte Seite 51

Das große Gebäude im Südosten soll das **Gefängnis Ⓞ** gewesen sein, in dem Sokrates auf seine Verurteilung wartete. Noch einige Mauern stehen von der **Südstoa Ⓟ**, einer dorischen Säulenhalle mit Läden und Ruheräumen.

**Stoa des Attalos Ⓠ

Eine Säulenhalle begrenzte auch den Ostrand der Agora: die von den Amerikanern vollständig rekonstruierte Stoa des Attalos. Den 116 m langen und 20 m breiten Bau stiftete um das Jahr 150 v. Chr. Attalos II., König von Pergamon, der Stadt Athen, in der er studiert hatte. Die Stoa diente den Bürgern als Kaufhaus. Die untere Wandelhalle war für die Promenade gedacht. Erdgeschoss und Obergeschoss haben denselben Grundriss. Sie unterscheiden sich lediglich in der Ordnung der Säulen, deren äußere im Parterre dorisch, die im niedrigeren oberen Geschoss dagegen ionisch sind. Die Stoa ist heute Museum und stellt die auf der Agora gemachten Funde aus. Es kann zwar nur ein ganz kleiner Teil gezeigt werden, dieser ist aber ausgesprochen interessant, weil er das Alltagsleben der athenischen Bürgerschaft veranschaulicht. Aufschlussreich ist die Sammlung von Inschriften, darunter die Benutzerordnung der Pantainos-Bibliothek (in der Vitrine 28).

Die rekonstruierte Stoa des Attalos

Rechtsprechung

Im Museum in der Stoa des Attalos geben bronzene Stimmsteine aus dem 4. Jh. v. Chr. Einblick in die Arbeit der Gerichte. Mit ihnen wurden Angeklagte in geheimer Abstimmung schuldig oder nicht schuldig gesprochen. Eine Wasseruhr (Klepsydra) aus dem 5. Jh. v. Chr. begrenzte die Redezeit der gegnerischen Parteien während der Verhandlung auf jeweils sechs Minuten (Vitrine 27).

Ein legales demokratisches Mittel, missliebige Politiker in die Verbannung zu schicken, war der Ostrakismus, das »Scherbengericht«, so genannt, weil die Abstimmung auf Scherben (ostraka) vorgenommen wurde. Laut Gesetz mussten mindestens 6000 Bürger anwesend sein. Mehr als tausend Ostraka wurden auf der Agora gefunden. Auf manchen steht außer dem Namen des Politikers noch ein Satz als Begründung, warum man ihn nicht mehr wollte oder welchen Unrechts man ihn bezichtigte (Vitrine 38).

Agii Apostoli am Südrand der Agora

Im April 2003 wurde in der Stoa die Erweiterung der EU auf 25 Mitgliedsstaaten beschlossen.

**Agii Apostoli ❾

Am Ausgang zur Akropolis steht, gegenüber der **Pantainos-Bibliothek ❿**, eine der anmutigsten byzantinischen Kirchen von ganz Athen: Agii Apostoli. Die Apostelkirche entstand um das Jahr 1000 auf den Resten eines antiken Nymphaions. Das äußere Mauerwerk ist dekorativ mit Ziegeln ornamentiert, wie es bei den byzantinischen Kirchen dieser Zeit üblich war. Im 19. Jh. war sie stark verändert worden, wurde jedoch schließlich im Jahre 1956 in ihrem ursprünglichen Zustand wiederhergestellt. In ihrem Inneren sind noch einige Fresken erhalten. Sie zeigen Christus als Pantokrator und Johannes den Täufer. Die Kirche blieb als einziges Bauwerk erhalten, als man das Stadtviertel abriss, um mit den Ausgrabungen zu beginnen.

Unter der Kirche fand man die Reste der staatlichen Münze aus dem 5. Jh. v. Chr., die Athens Drachmen prägte. Sie trugen das Bild der Athene und auf der Rückseite die Eule – daher das Sprichwort »Eulen nach Athen tragen« – und die drei ersten Buchstaben des Namens Athen.

Weg 3

Der Theaterbezirk

****Dionysostheater → Wandelhalle des Eumenes → **Odeion des Herodes Attikus → *Lysikrates-Monument**

3 Karte Seite 48

Auf diesem Weg erfahren Sie einiges über das antike und heutige Athener Theaterleben. War die Agora die Wiege der Demokratie, so wurde am Südabhang der Akropolis im ältesten Theater der Welt die antike Tragödie geboren. Ein gemächlicher Spaziergang dauert drei bis vier Stunden.

Wer noch einen Blick auf Hochkarätiges im Lalaounis-Juwelenmuseum werfen möchte und nach soviel anstrengendem Kunstgenuss Entspannung in einem Straßencafé in der Unteren Plaka (Kato Plaka) sucht, muss entsprechend mehr Zeit einplanen.

Gleich zwei bedeutende antike Theater schmiegen sich an den Südhang der Akropolis und sind seit dem 6. Jh. v. Chr. Zentrum des geistigen Athen: das römische Odeion des Herodes Attikus (s. S. 58) und das antike Dionysostheater (Plan s. S. 43), die Geburtsstätte des europäischen Schauspiels und vor allem die älteste Bühne der Welt.

**Dionysostheater ❽

Der Überlieferung nach war es der attische Dichter und Schauspieler Thespis (nach ihm benannt: der Thespiskarren), der im Dionysostheater im

3
Karte Seite 43/48

Jahre 534 v. Chr. zum ersten Mal mit einer Tragödie vor die Athener Bürger trat. Von den Werken des Thespis sind jedoch nur noch Fragmente erhalten. Im 5. Jh. v. Chr. hatte das antike Drama, das aus den kultischen Veranstaltungen zu Ehren des Dionysos hervorging, den Höhepunkt seiner Entwicklung erreicht.

Ein erstes Theater entstand hier, im heiligen Bezirk des Dionysos, bereits im 6. Jh. v. Chr. Zu Ehren dieses lebenslustigen Gottes, der den Griechen den Weinstock bescherte, wurden alljährlich im Frühjahr die Großen Dionysien gefeiert, an deren Ende stets ein mehrere Tage dauernder Dramenwettbewerb stattfand. Um 330 v. Chr. wurde unter Lykurg die ursprüngliche Holzkonstruktion durch Stein ersetzt und ein Bühnengebäude errichtet, das die bis dahin runde Orchestra in ihrem Grundriss veränderte. Das – später noch mehrfach umgebaute – Theater wurde 1837 freigelegt.

Die **Orchestra** Ⓞ (Plan s. S. 43) war das Zentrum des Theaters, über dem die Sitzreihen halbkreisförmig angeordnet waren. Dieser Aufbau sorgte für eine hervorragende Akustik. Von den in drei Ränge unterteilten 64 Sitzreihen, die 17 000 Zuschauern Platz boten, sind 25 erhalten. Aus dem 4. Jh. v. Chr. stammen die marmornen Ehrensessel in der untersten Reihe, die Priestern und Prominenten vorbehalten waren. Der schönste ist der mit Löwen-, Greifen- und Satyrreliefs geschmückte Thron des Dionysospriesters in der Mitte.

Die **Eumenes-Stoa** Ⓟ, ein Geschenk des Königs Eumenos II. von Pergamon (197–159 v. Chr.) an die Athener, verband das Dionysostheater mit dem römischen Odeion. Die 163 m lange und zweigeschossige Halle war das »Foyer« des Dionysostheaters, in dem sich die Besucher in den Pausen die Füße vertreten oder durch einen Imbiss stärken konnten. Das war auch nötig, denn die Darbietungen dauerten oft sechs bis sieben Stunden; manchmal gab es auch zwei Vorstellungen hintereinander.

Schauplatz der Athener Festspiele: das Odeion des Herodes Attikus

Traditionsreiche Festspiele

Die Wiedergeburt des antiken Theaters in Athen erfolgte 1936, als im Herodes-Attikus-Theater Sophokles' »Elektra« gegeben wurde. Die Aufführung war ein umjubeltes Ereignis, über das sogar die internationale Presse berichtete.

Seit 1955 bietet das Freilichttheater den stimmungsvollen Rahmen für die alljährlich im Sommer stattfindenden Athener Festspiele (vgl. S. 6 f.). Die besten Bühnen und Künstler Europas feierten und feiern hier Triumphe: die Berliner und die Wiener Philharmoniker, Rudolf Nurejew, Herbert von Karajan, Yehudi Menuhin, Zubin Mehta, Svjatoslav Richter, Pierre Boulez, José Carreras, Luciano Pavarotti u. v. a. Natürlich traten auch die bedeutendsten griechischen Künstler hier auf, darunter der Dirigent (und Komponist) Dimitrios Mitropoulos, Maria Callas, Georgos Dalaras und Mikis Theodorakis, der ein gern gesehener Gast bei den Festspielen ist.

3
Karte
Seite
48

Figur im Dionysostheater

Die erste Reihe bei Dionysos

**Odeion des Herodes Attikus ❾

Das gut erhaltene Odeion des Herodes Attikus (Plan s. S. 43) soll das schönste Theater Griechenlands gewesen sein. Das eindrucksvolle dreistöckige Bühnenhaus bestand aus einem Mittelbau und zwei Seitenflügeln. Seine Wände waren mit Marmor verkleidet und durch Säulen, Fenster und mit Statuen bestückte Rundbogennischen reich gegliedert.

Die Böden der Vorhalle und der Treppenhäuser waren mit Mosaiken, die Cavea – das Zuschauerrund – mit Marmorplatten ausgelegt. Aus Marmor waren auch die 32 steil ansteigenden Sitzreihen, die für 5000 Zuschauer Platz boten. Sie wurden ebenso wie die halbkreisförmige Cavea in den sechziger Jahren des vorigen Jahrhunderts erneuert.

Blutrünstige Damen

Die Tragödien der drei großen Dramatiker Aischylos, Sophokles und Euripides sowie die Komödien des Aristophanes erlebten im Dionysostheater ihre Uraufführungen. Von den rund 350 Werken, die sie geschrieben haben, ist ein Teil vollständig überliefert. Und so sorgen noch heute, 2500 Jahre später, so blutrünstige Damen wie Medea, Elektra und Phädra für Spannung auf allen großen Bühnen der Welt.

Das Odeion des Herodes Attikus ist heute stimmungsvolle Kulisse für das alljährliche **Athener Theaterfestival.** Die Sitzflächen sind zwar mit dünnen Kissen belegt, wer leicht fröstelt, sollte sich jedoch – besonders ab Mitte September – eine zusätzliche Unterlage mitbringen.

Herodes Attikus (101–177 n. Chr.) ließ die Konzerthalle um die Mitte des 1. Jhs. n. Chr. erbauen. Als seine Frau Regilla 160 n. Chr. starb, weihte er sie ihrem Andenken. Herodes stammte aus Marathon, und von seinem Vater hatte er ein immenses Vermögen geerbt, das er durch kluge Spekulationen noch vergrößerte.

Gefördert von Kaiser Hadrian, dem er bereits als Sechzehnjähriger zu seiner Thronbesteigung im Jahre 117 die Glückwünsche der Athener überbracht hatte, ging er nach Rom. Dort wurde er 143 erster Athener Konsul

Die Platia Lysikratous

und – als bedeutendster Redner der »Zweiten Sophistik« – Lehrer der späteren Kaiser Lucius Verus und Mark Aurel, mit denen er lebenslang befreundet blieb. Später lehrte Herodes Attikus in Athen Rhetorik. Sein Landhaus in Kifisia (s. S. 89) wurde anhand von Inschriften identifiziert.

Rund um das *Lysikrates-Monument

Von der Dionisiou-Areopagitou-Straße ist es über die Thrasillou- oder die Vironos-Straße (die nach Lord Byron benannt ist) nicht weit zum Lysikrates-Monument. Wer dem Glanz von Gold und Juwelen nicht widerstehen kann, sollte einen Abstecher zum **Lalaounis-Museum** ⑩ machen, das in einem klassizistischen Haus an der Ecke Kariatidon 4a/Kallisperi 12 sein Domizil gefunden hat. Der Topjuwelier stellt von ihm entworfene Preziosen aus.

Eine angenehme Taverne mit einem zauberhaften Blick über die Stadt ist die **Taverna Thespis** in der Odos Thespidos (❍).

Das kleine ***Lysikrates-Monument** ⑪ (siehe nächste Seite) an der Platia Lysikratous ist das einzige Exemplar seiner Art, das von den einst zahlreichen Choregendenkmalern übrig blieb. Der 6,50 m hohe Rundbau aus dem Jahre 334 v. Chr. trug einst einen bronzenen Dreifuß, den der Chorege »Lysikrates, Sohn des Lysitheides« als Preis für einen Sieg des von ihm finanzierten Chores erhalten hatte. Bemerkenswert an dem zylindrischen Theatermonument ist, dass hier erstmals ein Bauwerk außen korinthische Säulen erhielt.

An der Platia Lysikratous findet man als pflastermüder Bummler ein Lokal, in dem man angenehm sitzen kann und zudem noch auf eine kleine Ausgrabung byzantinischer Gräber blickt: das Café und Restaurant **Diogenis** (❍❍).

Nur wenige Schritte vom Lysikrates-Monument entfernt liegt – in einer winzigen Gartenanlage an der Odos Lysikratous – die mehrfach umgebaute Kirche **Agia Ekaterini** ⑫, deren älteste Teile, die Kuppel sowie die Apsis, aus dem 12. Jh. stammen.

Eine weitere sehenswerte Kirche auf dem Weg zum Sintagmaplatz steht in der Odos Kidathineon: die **Sotira Kottaki** ⑬. Sie wurde im 11. Jh. über einem älteren Vorgängerbau in Form einer Kreuzkuppelkirche errichtet und im 13. Jh. in eine dreischiffige Basilika umgestaltet. Die Innenausstattung ist neubyzantinisch.

Eine Art witzige Open-air-Galerie ist **Toms Recycled Garden:** ein Sammelsurium aus Fundstücken, Sperrmüll und alten fahrbaren Untersätzen. »Haltet Athen sauber« mahnt der Künstler damit an (Kekropos/Ecke Sotiros).

3 Karte Seite 48

Von üppigem Grün umrankt: das Lysikrates-Monument

3 Karte Seite 48

Im Hause Kidathineon 17 befindet sich das **Volkskunstmuseum ⓮**, das einen hervorragenden Überblick über das Kunsthandwerk des Landes von 1650 bis heute bietet. Zu sehen sind auch einige Arbeiten des naiven Malers Theophilos (1871–1934).

Wenige Schritte weiter kann man ein in Griechenland einmaliges Museum besuchen. In einer schönen Altbauetage zeigt das **Kindermuseum ⓯** (Kodrou 9, Tel. 21 03 31 26 21, Di–Sa 10–14 Uhr, So 11–14 Uhr), was Kids künstlerisch drauf haben. Hervorgegangen ist das Museum vor zehn Jahren aus einer Sammlung von 450 Kinderbildern. Im Museumshop gibt es Postkarten, Becher und T-Shirts.

In zwei restaurierten neoklassizistischen Stadtvillen (Moni-Asteriou-Str. 3 und 7) wurde 2000 das private **Museum Frissiras für zeitgenössische Kunst** eröffnet. Gezeigt werden über 3000 Ölbilder, Zeichnungen und Skulpturen zeitgenössischer griechischer und europäischer Künstler (Mi–Do 11–19 Uhr, Fr–So 11–17 Uhr; www.frissirasmuseum.com).

Weg 4

6 Die Plaka und Monastiraki

***Hadriansbibliothek → *Römische Agora → **Turm der Winde → **Kerameikos**

Am Fuße der Akropolis erstreckt sich die Plaka, die stimmungsvolle Athener Altstadt. Nirgendwo sonst lässt es sich so herrlich bummeln wie über ihre steilen Treppenwege und durch die winkligen engen Gassen, die fast alle für den Autoverkehr gesperrt sind. Außer den vielen über die Plaka verstreuten antiken Denkmälern stehen hier auch die meisten byzantinischen Kirchen, und am Ende der Ermou liegt der Kerameikos, der Friedhof des Großbürgertums im antiken Athen.

Einen halben Tag sollten Sie für den Weg mindestens einplanen. Noch besser ist es, ohne festes Programm umherzustreifen, sich in den Gassen zu verlieren oder hier und da einen Blick in die Läden und Werkstätten zu werfen, mit ein paar Kaffeepausen zwischendurch.

Bester Ausgangspunkt für den Spaziergang ist der Sintagmaplatz, von dem aus die Odos Mitropoleos mitten in die Plaka hineinführt.

Gotteshäuser

An der Ecke zur Pendelis trifft man auf das unscheinbare Einraumkirchlein **Agia Dynamis ⓰**, die »heilige Kraft«. Unter einem modernen Bürohaus ver-

Geschützt unter einem Neubau: Agia Dynamis

steckt, das seinetwegen teilweise auf Betonstelzen errichtet wurde, hat es sich aus dem 17. Jh. in die heutige Zeit gerettet. Während des griechischen Freiheitskampfes war es eine Art Munitionsfabrik: Tagsüber musste für die Türken gearbeitet werden, nachts wurden Patronen für die griechischen Rebellen gefertigt und im Morgengrauen, unter dem Abfall verborgen, hinausgeschmuggelt. Im Innern erkennt man noch die Reste eines Freskos der Agia Filothei, einer von Athens Schutzheiligen.

Große ⑰ und **Kleine Mitropolis ⑱

Nicht schön, aber groß ist die der Verkündigung Mariens geweihte **Große Mitropolis.** Das imposante, die weitläufige Platia Mitropoleos beherrschende Gotteshaus ist die Kirche des orthodoxen Erzbischofs von Athen. Gleich vier Architekten versuchten sich in den Jahren zwischen 1840 und 1862 nacheinander an dem Bau, in dessen Mauern Bauteile aus über 70 abgerissenen älteren Kirchen verarbeitet wurden. Das Ergebnis gilt als wenig glücklich. Trotzdem: Wer Rang und Namen hat, heiratet in der orthodoxen Kathedrale. Hier werden auch die Minister vereidigt, und zu den Ostergottesdiensten sieht man viel Athener Prominenz.

Griechisches Kunsthandwerk in Hülle und Fülle findet sich im **Zentrum für traditionelles griechisches Kunsthandwerk,** schön ist auch das dortige Café (Passage zwischen Mitropoleos 59 und Pandrossou 36, Tel. 21 03 21 30 23, tgl. 9–18 Uhr, im Sommer bis 20 Uhr).

Das wahre Kleinod steht im Schatten der Großen Mitropolis: die reizvolle alte Bischofskirche, die **Kleine Mitropolis**. Das winzige, nach seiner wundertätigen Ikone auch Panagia Gorgoepikoos (»Jungfrau von der raschen Erhörung«) genannte Kirchlein aus dem 12. Jh. – es ist nur 11,5 m lang und 7,5 m breit – ist das wohl schönste byzantinische Gotteshaus Athens. Während seine Grundmauern aus bearbeiteten antiken Marmorblöcken bestehen, die von älteren Gebäuden stammen, sind die oberen Fassaden kunstvoll durch nahezu hundert antike, frühchristliche und byzantinische Simse und Reliefs gestaltet. Die schönsten sind der Fries mit dem attischen Festkalender (4. Jh. v. Chr.) – durch Tierkreiszeichen gekennzeichnete Monate –, ein Lebensbaum (7. Jh.) und ein späthellenistisches Relief mit Tieren und der Göttin Aphrodite auf einem Schwan (alle an der Hauptfassade).

*Kapnikarea ⑲

Älter noch als die Kleine Mitropolis ist die durch ihre harmonisch gestaltete Ziegelsteinfassade auffallende **Kapnikarea** mitten auf der Geschäftsstraße Ermou. Dass die schöne Kreuzkuppelkirche aus dem 11. Jh. beim Ausbau

4 Karte Seite 48

der Ermou nicht abgerissen wurde, ist das Verdienst Ludwigs I. von Bayern: Er veranlasste, dass die neue Hauptverkehrsstraße (jetzt Fußgängerzone) um die Kirche herum geführt wurde.

Rund um den Monastiraki-Platz

Die Ermou und die Mitropoleos führen direkt auf den staubigen, lärmerfüllten Monastiraki Platz, der zusammen mit den umliegenden Gassen das ist, was er schon zur Türkenzeit war: ein großer Basar. Am Sonntagvormittag reicht der Trödelmarkt bis hinab zum Kerameikos; dann versuchen auch Privatleute, das an den Mann (oder die Frau) zu bringen, wofür sie sonst kaum mehr einen Euro erlösen würden. Heute noch eine echte Rarität zu finden, ist Glückssache.

Seinen Namen hat der Platz von der modernisierten **Pantanassa-Kirche** ⑳ aus dem 17. Jh. Sie gehörte zu einem Frauenkloster (Monastiraki heißt »Klösterchen«), das beim Bau der Metro um die Jahrhundertwende abgetragen wurde. Die **Tzisdaraki-Moschee** ㉑ gegenüber ließ der türkische Stadtkommandant Mustafa Aga Tzisdarakis errichten, der in ihre Mauern zahlreiche Fragmente aus antiken Gebäuden verbaute. Als Tzisdarakis sogar eine Säule des Olympieions sprengen und pulverisieren ließ, um Wandfarbe zu gewinnen, protestierten die Athener heftig, und er wurde abgesetzt. Heute zeigt das restaurierte Gebäude die Keramikabteilung des Volkskunstmuseums.

Die Westmauer der ***Hadriansbibliothek** ㉒ grenzt direkt an die Tzisdaraki-Moschee. Auch diesen weitläufigen Baukomplex verdankt Athen Kaiser Hadrian, der ihn um 132 errichten ließ. Die 122 mal 82 m große Anlage war von hundert marmornen Säulen umstanden. Die eigentliche Bibliothek mit Lese- und Vortragssälen lag im Osten. Von ihr ist noch eine Rückwand mit Nischen für die Papyrusrollen erhalten. Wegen Grabungsarbeiten ist das Gelände geschlossen. Man hat aber Einblicke von der Eolou- und der Adrianoustraße aus.

*Römische Agora ㉓

Der 112 mal 96 m große römische Markt wurde im 1. Jh. v. Chr. unter Kaiser Augustus angelegt und war mit der antiken Agora durch eine breite Straße verbunden. Der Platz war auf allen vier Seiten von ionischen Säulenhallen umgeben, hinter denen die Geschäfte und Magazine lagen. Den Haupteingang bildete das grandiose Tor der Athena Archegetis im Westen. Später nutzten die Türken die Agora als Basar. Die gut erhaltene **Fetiye Cami** (»Siegesmoschee«) im Südteil ließ Sultan Mehmet II. 1456 nach der Einnahme Athens errichten. Sie ist heute Magazin für die auf dem Gelände gemachten Funde.

Besonders abends sollte man eine der direkt an der Agora liegenden Tavernen aufsuchen, z. B. **Ta pente Adelphia** (»Fünf Brüder«). Noch authentischer ist es jedoch ein paar Ecken weiter im vor allem bei Jungen beliebten **Kafenion Dioskouron,** Dioskouron/Ecke Mitrou. ❍–❍❍

**Turm der Winde ㉔

Den 12 m hohen, achteckigen Turm der Winde am Ostrand, die öffentliche Uhr der Athener, stiftete um 40 v. Chr. der syrische Astronom Andronikos

4 Karte Seite 48

Der Turm der Winde an der römischen Agora

von Kyrrhos, der auch die Wasseruhr in seinem Inneren konstruierte. Wer ihr nicht traute, konnte die Zeit an den Sonnenuhren der Außenwände ablesen, deren bis dahin übliche Ausführung Andronikos verbessert hatte. Eine Wetterfahne auf dem Dach zeigt die Windrichtung an. In der Türkenzeit nutzten die »Tanzenden Derwische« das Gebäude als Platz für ihre Zeremonien. Dann diente es einige Jahre lang als katholische Kirche.

4 Karte Seite 48

Ein Relieffries am Turm der Winde stellt die acht Himmelsrichtungen dar mit den ihnen entsprechenden Windgöttern: Boreas im Norden, Kaikias im Nordosten, Apeliotes im Osten, Euros im Südosten, Notos im Süden, Lips im Südwesten, Zephiros im Westen, Skiron im Nordwesten.

Von hier kann man durch die kleine Gasse zur Oberen Plaka hinaufsteigen. Dort ist am Ende der Panos in einer ockergelben, vom bayerischen Architekten Schiller 1884 erbauten Villa das ***Kanellopoulos-Museum** ㉕ beheimatet, dessen Schätze der Unternehmer Paul Kanellopoulos zusammengetragen hat. Di–So 8.30–15 Uhr geöffnet.

Seine Kollektionen umfassen Kykladenidole und geometrische Vasen, ausgefallene koptische Textilien, byzantinische Ikonen und Stickereien (19. Jh.). Zu den schönsten Exponaten gehören die römischen *Mumienporträts aus Fayum (2.–4. Jh. n. Chr.).

Wenige Schritte weiter liegt an der Tholou 5 das **Schaubert-und-Kleanthis-Haus** ㉖. Es war das Wohnhaus der Architekten Schaubert und Kleanthis, die den Stadtplan des modernen Athen ausarbeiteten. Vier Jahre lang war dort die erste Athener Universität untergebracht, bis 1842 der Neubau an der Panepistimiou fertig war. In dem Gebäude dokumentiert heute das Universitätsmuseum die Geschichte der Hochschule.

Anafiotika-Viertel ㉗

Wenn Sie noch gut zu Fuß sind, sollten Sie zum Anafiotika-Viertel hochsteigen, so benannt nach Flüchtlingen aus Anafi, die sich nach 1822, vor allem aber nach 1834, hier ansiedelten, um am Bauboom der neuen Hauptstadt teilzuhaben. Die winzigen, kykladisch anmutenden Häuschen mit ihren ebenso winzigen Gärtchen und zwei kleinen Kirchen an Gässchen, die so eng wie Maultierpfade sind, werden fast nur noch von alten Menschen bewohnt. Manche stehen leer und verfallen. Der Grund: Es fehlt selbst der geringste Komfort. Auf dem Weg hierher können Freunde byzantinischer Kirchen die **Metamorfosis tou Sotiros** ㉘ aus dem 11./12. Jh. besichtigen.

*Kerameikos ㉙

An der Stelle, wo die Ermou immer staubiger, grauer und ärmlicher wird, erwartet Sie eine Überraschung: ein grünes Biotop der Stille. Auf dem antiken Friedhof von Athen, dem Kerameikos, nahm die vornehme athenische Gesellschaft Abschied von ihren

Toten. Hier fanden pompöse Staatsbegräbnisse statt, und hier soll auch Perikles im Herbst 431 v. Chr. seine berühmte Leichenrede zu Ehren der Gefallenen im Peloponnesischen Krieg gehalten haben, die der Historiker Thukydides uns überliefert hat.

Die Nekropole leitet ihren Namen von den Athener Töpfern *(kerameis)* ab, die dort ihre Werkstätten hatten. Dieser Platz wurde schon im 12. Jh. v. Chr. als Begräbnisstätte genutzt. Die wenigen heute noch sichtbaren Grabmonumente stammen fast alle erst aus dem 4. Jh. v. Chr.

Die meisten von ihnen sind Abgüsse; die empfindlichen Originale, z. B. die besonders schöne Grabstele des Dexileos, befinden sich im Kerameikos-(Oberländer-) Museum, sowie im Archäologischen Nationalmuseum, wie z. B. die Grabstele der Hegeso (5. Jh. v. Chr.). Ermou 148, Mitte Juli bis Mitte September bis 22 Uhr geöffnet, Nov. bis Ende März Mo 10.30–17 Uhr, Di–So 8.30–15 Uhr, Fr–So 8–19 Uhr.

Gazi Technopolis

Nur wenige Fußminuten vom Kerameikos die laute Piräus-Straße hinunter, wurde vor wenigen Jahren auf dem Gelände der ehemaligen Gaswerke Athens in mehreren Industriehallen aus dem 19. Jh. das Kulturzentrum Technopolis eröffnet (Pireos 100, tgl. 10–22 Uhr, aber wechselnde Öffnungszeiten für die einzelnen Ausstellungen). Dabei ist auf dem Kulturgelände in fünf Hallen Raum für Themen und Veranstaltungen abseits den Mainstreams. Größter Erfolg war bisher wohl »Outlook«, eine Ausstellung moderner Kunst, die bis Ende Januar 2004 stattfand.

Neben einem Buchladen und dem **Café Canteen** schließt Technopolis

Gräberstraße auf dem Kerameikos

auch ein **Maria Callas Museum** mit ein. Dort finden Fans der großen Operndiva Erinnerungsstücke aus ihrem persönlichen Besitzt, Briefe und Fotos (tgl. außer Mo und Fei 10–13, 17–21 Uhr, Eintritt frei). Das Kulturzentrum hat auf die kreative Szene eine Sogwirkung und so entwickelte sich allmählich in dem alten Arbeiterviertel Athens jüngstes Ausgehviertel mit Bars und Restaurants.

Und auch in Thisio, zwischen Gaswerken und Akropolis, tut sich gastronomisch und kulturell einiges. Besonders beliebt und mit Blick auf die Akropolis ist der kleine Platz, wo die »Kneipenstraßen« Nileos und Iraklidon zusammentreffen.

Thalatta, Vitonos 5. Modernes Ambiente (vgl. S. 29). ○○○

Mamacas, Persefonis 41, Tel. 21 03 46 49 84. Treffpunkt der Kreativen: Bar, Restaurant, Weinkeller und Dachterrasse. ○○–○○○

Tapas Bar, Triptolemou 44, Tel. 21 03 47 18 44. Hier trifft sich das Jungvolk zum Sehen und Gesehen werden – und probiert Tandoori- und Curry-Gerichte. ○○

4 Karte Seite 48

Weg 5

Rund um den Sintagmaplatz

Das Zentrum des modernen Athen ist der repräsentative Sintagmaplatz, der, wegen des Metroausbaus jahrelang eine Riesenbaustelle, jetzt ein neues – grünes – Gesicht zeigt. Marmorne Lärmschutzwände schotten den Athener Hauptplatz vom Verkehr ab. Die wenigen von dem Abrissboom verschont gebliebenen klassizistischen Stadtvillen in seiner Umgebung geben noch eine gewisse Vorstellung vom »bayerischen Athen«, als nach der Thronbesteigung des Wittelsbachers Otto I. deutsche Architekten ihre Träume von der Neugestaltung der modernen Hellenen-Hauptstadt verwirklichten.

5 Karte Seite 48

Für den Spaziergang sind eine bis zwei Stunden ausreichend, bei Besuch des Jüdischen Museums, den Antiken in der Metrostation Sintagma (elf Vitrinen; s. S. 8) und einer Rast im Nationalgarten jedoch je nach Verweildauer entsprechend mehr.

Auf Spuren der Antike trifft man in Athen selbst mitten im modernen Stadtzentrum: Dort, wo heute der Sintagmaplatz ist, soll einst der **Garten der Musen** gelegen haben, in dem das berühmte, im 6. Jh. v. Chr. gegründete Lykeion lokalisiert wurde.

Aristoteles unterrichtete hier seine Schüler, während sie unter den Bäumen wandelten, was ihnen den Namen Peripatetiker (»Spaziergänger«) eintrug. Nach seinem Tod führte sein Schüler Theophrast die peripatetische Schule fort.

Als sich die von Otto ins Land geholten bayerischen Architekten ans Werk machten, um diesen Platz »im Schatten der Akropolis« zum politischen Zentrum des modernen Athen und ganz Griechenlands zu gestalten, war hier von Musen und geistigem Glanz allerdings nichts mehr zu spüren. Der Ort war ein simples Weizenfeld, die Umgebung verkarstet oder versumpft.

Da der Platz einen Namen brauchte, entsann man sich seiner Vergangenheit und taufte ihn Musenplatz. Seinen jetzigen Namen – Platia Sintagmatos (Platz der Verfassung) – erhielt er 1849, als Otto vom Balkon des Schlosses nicht ganz freiwillig die erste griechische Verfassung verkündete. Heute ist das Viereck Verkehrsknotenpunkt, Drehscheibe des Tourismus und häufig Schauplatz von Demonstrationen – die Griechen sind neben den Italienern die streikfreudigsten Europäer.

Königliches Schloss ㉚

Als erster Bau am Musenplatz wurde das Königliche Schloss an der leicht ansteigenden Ostseite fertig gestellt. Den Auftrag für die künftige Residenz seines Sohnes erteilte der Bayernkönig Ludwig I. Er hielt sich 1835 in Athen auf und hatte seinen Hofarchitekten Friedrich von Gärtner gleich mitgebracht. Ludwig bestimmte den Standort und legte den Grundstein: Dem Plan von Karl Friedrich Schinkel, den Königspalast auf der Akropolis zu bauen – dort, wo heute das Akropolismuseum steht –, hatte er entrüstet eine Absage erteilt.

So befremdlich der Vorschlag von Schinkel auch anmuten mag: Viele Experten glauben heute, dass die antiken Großbauten auf dem Athener

Evzonen vor dem Grabmal des Unbekannten Soldaten

Burgberg bei Realisierung seines Projekts sogar weniger gelitten hätten, als es dann tatsächlich der Fall war. Die Tempel waren in Schinkels Plan nämlich ausgespart, und das übrige Gelände wäre als ein Park neu gestaltet worden.

Gärtner vollendete das schlichte frühklassizistische Schloss 1842, und Otto, der mit Königin Amalia noch immer im Hause des Kaufmanns Vouros wohnte, konnte endlich in ein standesgemäßes Domizil umziehen.

Nach einem Brand im Jahre 1910 stand das Schloss zunächst längere Zeit leer, nach der »Kleinasiatischen Katastrophe« 1922 fanden Tausende griechischer Flüchtlinge aus Kleinasien hier vorübergehend Unterkunft. Seit 1935 dient es als **Parlamentsgebäude** (Vouli). Damals wurde auch das Grabmal des Unbekannten Soldaten eingeweiht. Das Relief eines sterbenden Griechen wurde einer Giebelfigur vom Aphaiatempel auf Ägina nachempfunden. Die Inschriften nennen die Siege der griechischen Armeen seit 1821 und zitieren einen Abschnitt aus Perikles' berühmter Grabrede auf die Gefallenen des Peloponnesischen Krieges.

Präsidentengarde

Vor dem Ehrenmal paradieren die berühmten Evzonen in der Tracht der Gebirgsjäger aus dem Unabhängigkeitskrieg. An Sonn- und Feiertagen besteht sie aus der Fustanella, dem weißen Kilt, dessen 400 Falten die 400 Jahre der türkischen Herrschaft symbolisieren, einer bestickten Weste, den Tsarouchia, weißen Strumpfhosen, roten Schnabelschuhen mit Troddeln und dem Quastenfez. Hemingway nannte die Evzonen spöttisch »Männer, die im Ballettröckchen kämpfen«. Aber ihr bunter Aufzug täuscht: Auch wenn sie als Präsidentengarde nur zeremonielle Aufgaben wahrnehmen, sind sie doch eine im Gefechtskampf ausgebildete Eliteeinheit.

Die **Wachablösung** erfolgt täglich zu jeder vollen Stunde, die große Wachparade mit Militärkapelle jeden Sonntag um 11 Uhr. Große Militärparaden finden hier an den beiden griechischen Nationalfeiertagen statt, am 25. März und am 28. Oktober, dem Ochi-Tag (s. S. 26).

Das Grande Bretagne ㉛

Den klassizistischen Bau an der Ecke zur Panepistimiou, das heutige Hotel Grande Bretagne, ließ sich der Triester Kaufmann Dimitriou 1842 bis 1843 von Theophil Hansen, der zusammen mit seinem Bruder Christian entscheidend am Stadtbild Athens mitwirkte, als Wohnhaus bauen. Nachdem das »Megaron Dimi-

5 Karte Seite 48

Eine grüne Oase: der Nationalgarten

triou« mehrere Jahre lang Gästehaus des Königs war, beherbergte es 1856 bis 1874 das Französische Archäologische Institut. 1874 wurde es zum Hotel umgebaut. Die Gästeliste nennt illustre Namen aus Film, Kunst, Politik und Adel. Als einziges Hotel Athens ist es Mitglied der Leading Hotels of the World. Nach grundlegender Sanierung ist das Hotel Anfang 2003 wieder eröffnet worden (s. a. S. 29).

Im Zweiten Weltkrieg war das Hotel nacheinander Hauptquartier der griechischen, deutschen und englischen Truppen. Winston Churchill wäre hier Weihnachten 1944 beinahe einem Anschlag zum Opfer gefallen. Erst in letzter Minute wurde der Sprengstoff, der das gesamte Gebäude zerstört hätte, in den Abflussrohren entdeckt.

5 Karte Seite 48

*Nationalgarten ㉜ und Zappion ㉝

Ein Paradies für Pflanzen, Vögel und lärmgestresste Großstädter ist der Nationalgarten. Königin Amalia ließ den »Ethnikos Kipos« 1836 von François-Louis Barrauld als königlichen Garten – »Vasilikos Kipos«, wie er auch heute noch oft genannt wird – anlegen. Schon damals bereitete es die größten Schwierigkeiten, die immense Anzahl seltener exotischer Bäume und Pflanzen zu bewässern, die Amalia heranschaffen ließ.

Athener Klassizismus: das Zappion

519 verschiedene Arten wurden gezählt, darunter 102 einheimische. Während der Gestaltung der Parkanlage, an der auch der deutsche Botaniker Karl Fraas und der Oberhofgärtner Friedrich Schmidt mitwirkten, stieß man auf antike Tempelfundamente, Säulenstümpfe, römische Mosaikfußböden und andere Fragmente, die dem Park etwas Romantisches geben.

Ein ruhiges Plätzchen ist das **Kafenion** (Eingang Irodou Attikou), wo man in einem schattigen Laubengang sitzt. ○

In dem sich südlich anschließenden Zappionpark stifteten die Brüder Zappas das nach ihnen benannte Ausstellungsgebäude, das klassizistisch strenge **Zappion**. Den Plan von Theophil Hansen führte 1885–1888 Ernst Ziller aus. Im Zappion wurde 1979 der Vertrag über den Beitritt Griechenlands zur EG unterzeichnet.

Vom Café-Restaurant **Aigli** im Zappion-Park hat man einen schönen Blick auf die Akropolis, und die Küche ist exzellent. ○○–○○○

Vom Neuen Schloss ㉞ zum Sintagmaplatz

Auch in der die Rückseite des Zappionparks begrenzenden Irodou-Attikou-Straße wird Politik gemacht. Das eher einem Landhaus ähnelnde **Neue Schloss,** das Ziller 1891–1893 als Thronfolgerpalais für Kronprinz Konstantin erbaute, war bis zum Ende der Monarchie die königliche Residenz. Heute ist der von Evzonen bewachte Bau der Sitz des Ministerpräsidenten.

In der Villa nebenan, dem **Megaron Maximou** ㉟, residiert der Staatspräsident. Jannis Chelmis erbaute sie 1924 für Demetrios Maximos, der 1948 Ministerpräsident war. Ein Stück nördlich, an der **Kaserne der Evzonen** ㊱, nehmen die Wachablösungen der Garde ihren Ausgang. Am reizvollen **Blumenmarkt** vorbei kann man zum Sintagmaplatz zurückkehren.

Westlich des Nationalgartens

Wer vom Zappionpark in die entgegengesetzte Richtung spaziert, trifft am Leoforos Amalias noch auf einige interessante Bauten. In Nr. 36, dem im Art-déco-Stil errichteten ehemaligen Wohnhaus Likiardopoulos ㊲, hatte viele Jahre das 1977 gegründete Jüdische Museum eine Etage.

1998 bezog das ***Jüdische Museum Griechenlands** jedoch ein eigenes Haus in der Nikisstraße 39, fünf Minuten von hier entfernt. Auf sechs Etagen wird die 2300-jährige Geschichte der Juden in Griechenland erzählt (Mo–Fr 9–14.30, So 10–14 Uhr). Tausende griechischer Juden wurden noch in den letzten Kriegsmonaten nach Auschwitz verschleppt und ermordet. Heute leben in ganz Griechenland nur noch 5000 Juden.

An der nach Plänen von Christian Hansen 1843 errichteten anglikanischen Kirche **St. Paul** ㊳ vorbei erreicht man an der Odos Filellinon die ***Russische Nikodimos-Kirche** ㊴. Nach ihrem Stifter, Stefanos Likodimou, wird sie auch Sotira Likodimou genannt. Der 1044 vollendete Kreuzkuppelbau ist nach der Agii Apostoli die älteste Kirche Athens. Im Freiheitskrieg beschädigt, verfiel sie mehr und mehr, bis sie 1849 in den Besitz der russisch-orthodoxen Kirche kam und der Zar sie prächtig restaurieren ließ. Die Innenausmalung stammt von Ludwig Thiersch (1825–1909), der am Athener Polytechnikum lehrte.

An der Amalias/Ecke Xenofontos steht ein weiteres von Theophil Hansen erbautes Privatpalais, das **Wohnhaus von Kiriakoulis Mavromichalis** ㊵ von 1870. Der Großneffe des berühmten Petrobay aus dem maniotischen Mavromichalis-Clan war 1909 Ministerpräsident. Das restaurierte Gebäude beherbergt jetzt das »Büro Griechenland« des Europäischen Parlaments.

Petrobay war eine führende Gestalt im Freiheitskampf, kam unter König Otto zu hohen Ehren und starb 1848 im Alter von 83 Jahren »von der Aureole des Ruhms umgeben«, so formulierte Patrick L. Fermor in seinem fesselnden Buch **Mani – Reise ins unentdeckte Griechenland** (Otto Müller Verlag, Salzburg, über die Halbinsel Mani). Keiner der Nachkommen Petrobays, die in verschiedenen Regierungen eine herausragende Rolle spielten, konnte jemals ganz die geschichtliche Statur des großen Ahnen erreichen.

An der nach König Otto benannten Odos Othonos ist man wieder am Sintagmaplatz angekommen.

5 Karte Seite 48

Weg 6

Das »bayerische« Athen

Vom Sintagma- zum Omoniaplatz

Auf diesem Spaziergang ist das 19. Jh. nicht nur in einigen der schönsten klassizistischen Bauten präsent, sondern auch in mehreren Museen, die am Wege liegen. Die Sammlungen sind vielleicht kein touristisches Muss, lassen aber die Geschichte und Kultur der Stadt nach ihrer Wiedergeburt 1834 lebhaft vor Augen erstehen. Am Omoniaplatz wird es dann ganz entschieden volkstümlich. Nirgendwo sonst ist Athen noch so authentisch, so urban und so balkanisch wie an diesem Platz und den rundum liegenden Straßen. Für den reinen Spaziergang plane man zwei Stunden ein, mit Besuch der Sammlungen entsprechend mehr.

6

Karte Seite 80

Entlang der Panepistimiou

In der am »Grande Bretagne« beginnenden Panepistimiou (»Universitätsstraße«) – die offiziell Eleftheriou Venizelou heißt, aber von keinem Athener so genannt wird – liegt das **Wohnhaus Schliemanns** ㊶, das der Archäologe »Ilion Melathron«, »Palast von Ilion« (Troja), taufte. Sein Freund Ernst Ziller erbaute es 1878/79 in einem prunkvollen Neorenaissancestil. Die Räume sind mit prächtigen Friesen, Wandgemälden und Mosaiken ausgestaltet, die alle in Verbindung zu Homer, dem Schliemannschen »Hausgott«, stehen. Schon damals war das Palais eine Sehens-

Prunk nach Schliemanns Geschmack: Eingangstor zu seinem Wohnhaus

würdigkeit für Athen-Besucher. Nachdem das Gebäude jahrzehntelang als Sitz des Obersten Gerichtshofs (Areopag) diente, ist es jetzt mit einer Kollektion von über 600 000 Münzen eines der fünf bedeutendsten Museen seiner Art weltweit.

Ein guter Ort für eine kleine Pause ist das Café im 6. Stock der Großbuchhandlung **Eleftheroudakis** (Panepistimiou 17, Mo–Fr 9–20, Sa 9–17 Uhr).

Die katholische **Dionisios-Kathedrale** ㊷ einige Meter weiter blieb das einzige Werk des bayerischen Hofbaumeisters Leo von Klenze in Athen, da er inzwischen beim König in Ungnade gefallen war. Sein Entwurf orientierte sich am Stil der römischen Renaissancebasiliken. Kaftanzoglou setzte Klenzes Plan von 1887 in die Tat um. Die Kosten trug Ludwig I. von Bayern.

Das bedeutendste klassizistische Bauensemble Athens und das Meisterwerk Theophil Hansens ist die sog. ***Athener Trilogie** ㊸: die Akademie, die Universität und die Nationalbibliothek. Als erster Bau entstand nach Plänen von Theophils älterem Bruder Christian Hansen die aus den Spenden von Auslandsgriechen und Philhellenen finanzierte Ottonische Universität. Sie wurde bereits 1842 eingeweiht, nur fünf Jahre nach der Grundsteinlegung. Die stattliche Vorhalle aus pentelischem Marmor hat die Propyläen zum Vorbild. Davor stehen Statuen von Freiheitskämpfern sowie Personen, die bei der Staatsgründung eine Rolle spielten.

Die **Akademie der Wissenschaften** (rechts neben der Universität) finanzierte Baron Sina, ein in Wien lebender griechischer Bankier, dem Österreich den Adelstitel verlieh. Es ist das wohl eindrucksvollste klassizistische Gebäude Athens und das künstlerisch vollendetste Werk Theophil Hansens, dem übrigens auch Wien mehrere der gelungensten Bauten an der Ringstraße verdankt. Die Ausführung lag in der Hand Ernst Zillers. Durch die Vertreibung Ottos wurden die Arbeiten verzögert, die Akademie konnte erst 1891 eingeweiht werden. Als letztes der drei Gebäude wurde 1891 die Nationalbibliothek fertiggestellt, auch sie ein Entwurf Theophil Hansens. Die Kosten für den Bau trugen die drei Brüder Valianos aus Kefallinia.

Durch die Sina oder die Ippokratous kann man einen kleinen Abstecher in die Akadimias (Akademiestraße) machen, um das im Kulturzentrum der Stadt Athen untergebrachte **Theatermuseum** ㊹ zu besuchen. In mehreren Räumen sind alte Kostüme, Fotos, Bühnenmodelle, Schminktische und Plakate zu sehen – auch ohne Griechischkenntnisse ist das Museum ein Erlebnis (Mo–Fr 9 bis 14 Uhr).

Das auffällige rosafarbene Gebäude daneben, das **Palamas-Haus,** wird für Ausstellungen, Vorträge und sonstige kulturelle Aktivitäten genutzt. Die Namensgebung ehrt den Dichter Kostis Palamas (1850–1943), einen Verfechter der Volkssprache, der alle seine Werke in der »Dimotiki« schrieb.

Die Akademie der Wissenschaften

Omoniaplatz

Die Panepistimiou mündet in den »Platz der Eintracht«, den Omoniaplatz. Hier weht ein rauerer Wind, und man kann stundenlang die interessantesten Milieustudien betreiben. Von frühmorgens bis in die Nacht hinein herrscht ein Menschengewimmel, weniger von Touristen als von Athenern selbst.

Am Omonia-Platz, Ecke Odos Dorou, gibt es eine Filiale der Selbstbedienungs-Restaurantkette **Neon,** die eine gute Auswahl frisch zubereiteter Speisen zu niedrigen Preisen anbietet. Leckere Hähnchen, Gyros, Souvlaki und Salate bekommt man einige Meter weiter am Anfang der Odos Themistokleous bei **I Arachova.** Beide ❍

Die Verkehrssituation am »Omonia«, der komplett umgestaltet wurde, hat sich etwas beruhigt, ist aber immer noch verwirrend, da auch im Kreisverkehr in Athen oft rechts vor links gilt. Acht große Hauptstraßen strahlen in alle Richtungen aus, darunter nach Westen die Agiou Konstantinou, an der das **Nationaltheater** ㊺ steht, das 1900 von Ziller erbaut wurde, und die nach Süden zum Monastirakiplatz führende Athinas.

6 Karte Seite 80

Auch bei einem Kaffeeplausch lassen sich Geschäfte machen

Auf dem Zentralmarkt

Vom Kotsiaplatz zum Alten Parlamentsgebäude

6
Karte Seite 80

An der Athinas öffnet sich der **Kotsiaplatz** ㊻ mit dem schlichten klassizistischen Rathaus (1878) und dem repräsentativen »Megaron Melas«, das Ziller 1884 für den Bankier Melas baute. Jetzt ist es Sitz der Nationalbank.

An der Ecke zur Evripidou finden sich die riesigen »Hallen«, der **Städtische Zentralmarkt** ㊼ – kein Ort für Zimperliche, für weniger Empfindliche dagegen ein Erlebnis. Unmengen frisch geschlachteter Schweinehälften, lebendes Federvieh und alles, was das Meer hergibt, werden hier lautstark angepriesen.

Nirgendwo sonst kann man typischer griechisch essen als in den Tavernen mitten zwischen den Fleischständen des **Zentralmarktes** – ein deftiges Erlebnis! ❍

Basarartiges Treiben herrscht in den umliegenden Gassen und in der zur Akropolis führenden Eolou, wo in unzähligen Läden alles angeboten wird, was den Gaumen und den Magen erfreut.

Durch die Evripidou ist es nicht weit zum Klafthmonosplatz, »Seufzerplatz« genannt nach 1879 hier demonstrierenden Arbeitslosen. Gleich an der Ecke steht die **Agii-Theodori-Kirche** ㊽, eine der ältesten und reizvollsten Kirchen Athens: Die Inschrift über dem Eingang nennt das Jahr 1049.

In dem vergleichsweise bescheidenen **Vouros-Haus** ㊾, das an der Ecke zur Paparigopoulou steht, lebte das Herrscherpaar, bis es 1842 das Schloss am Sintagmaplatz beziehen konnte. Otto hatte die provisorische Residenz von dem Kaufmann Stamatios Vouros erworben, der 1822 vor dem türkischen Massaker auf der Insel Chios geflohen war.

1980 wurde hier in den original möblierten Räumen das **Museum der Stadt Athen** eingerichtet, 2000 kam ein neuer Flügel hinzu (Öffnungszeiten: Mi–Mo 10–14 Uhr, Eintritt 5 Euro).

Letzte Station des Rundgangs ist der Kolokotronisplatz, den das schön restaurierte **Alte Parlamentsgebäude** ㊿, das »Palaia Vouli«, beherrscht. Der französische Architekt François Boulanger, der auch die Große Mitropolis vollendete, stellte es 1878 fertig.

Seit 1960 beherbergt das Alte Parlamentsgebäude das ***Historische Nationalmuseum.** Es dokumentiert in Aquarellen und Stichen die Entwicklung des Landes vom Fall Konstantinopels 1453 bis zum 20. Jh. Das Schwergewicht liegt auf dem Befreiungskrieg und der Zeit Ottos I. (Öffnungszeiten: Di–So 9–14 Uhr, So: Eintritt frei).

Das bronzene Reiterstandbild vor dem Parlament stellt Theodor Kolokotronis (1770–1843) dar, einen Helden des Freiheitskampfes, während die Marmorstatuen zwei bedeutende griechische Politiker verkörpern: Charilaos Trikoupis (1832–1896) und seinen Gegenspieler Theodor Diligiannis (1820–1905). Der dreimalige Ministerpräsident Diligiannis wurde 1905 auf den Stufen des Parlaments von einem notorischen Spieler ermordet, weil er die Spielhöllen gesetzlich verbieten lassen wollte.

Das **Palia Vouli** (»Altes Parlament«) ist ein von den Athenern gerne besuchtes Lokal im Herzen der Stadt. Es gibt moderne mediterrane Küche mit griechischem Einschlag; man kann aber auch tagsüber bei einem Kaffee oder kühlen Erfrischungsgetränk die schattige Terrasse genießen und interessante Milieustudien betreiben. ○○

Straßennamen-Salat

Straße heißt auf Griechisch »Odos«, Boulevard »Leoforos«. Man hört und liest beide Bezeichnungen aber nur selten, denn im Schriftverkehr und im Gespräch lassen die Griechen sie gewöhnlich entfallen und sagen nicht: »Das Café liegt in der Stadioustraße«, sondern schlicht »in der Stadiou«.

Komplizierter und möglicherweise zeitraubend ist dagegen die Sache mit den Straßennamen, die Athen-Unkundige in tiefste Verwirrung stürzen kann. Je nach der Regierung nämlich, die gerade an der Macht ist, werden Straßen und Plätze häufig umbenannt. So heißt z. B. seit Jahrzehnten die Patission offiziell 28. Oktovriou, die Pireos amtlich P. Tsaldari, die Platia Kosta Kotsias eigentlich Ethnikis Antistaseos, die Platia Kolonakiou offiziell Filikis Etairias, die Panepistimiou ist nach Eleftheriou Venizelos benannt. Diese Liste könnte fortgeführt werden. Selbst Straßenschilder und Stadtpläne helfen nicht immer weiter. Manche Stadtpläne führen nur die gebräuchlichen alten Namen, andere den alten und in Klammern dahinter den neuen Namen. Auch in einschlägigen Veröffentlichungen wird als Adresse oft der alte Straßenname genannt.

Man vertraue auch nicht allzu sehr auf die Ortskenntnis der Taxifahrer. Viele kommen aus Dörfern in Attika und sind den Finessen des Athener Straßensystems selber hilflos ausgeliefert. Würden Sie beispielsweise einem Fahrer als Adresse »Platia Ethnikis Antistaseos« nennen, chauffierte er Sie auf der Suche danach vermutlich durch ganz Athen, um schließlich irgendwann entnervt aufzugeben. Um schnell ans Ziel zu kommen, ist es besser, sich an die gebräuchlichen alten Namen zu halten, die Sie auch in diesem Band finden.

6 Karte Seite 80

Weg 7

Das »römische« Athen

Hadrianstor → **Olympieion → *Stadion

Dieser Spaziergang ist besonders im Hochsommer angenehm, weil er fast ausschließlich durchs Grüne führt – in einer Stadt wie Athen eine wahre Wohltat. Auf dem Athener Zentralfriedhof, einer klassizistischen Totenstadt unter hohen Zypressen und schattigen Platanen, ist man dem immerwährenden Trubel Athens vollends entrückt; kaum ein Laut der lärmenden Stadt dringt an diesen Ort der Stille. Der Bummel endet unterhalb des Ardittoshügels am schneeweißen marmornen Stadion, in dem 1896 die ersten Olympischen Spiele der Neuzeit stattfanden. Sportliche werden versucht sein, in der hufeisenförmigen Arena einige Runden zu drehen – ein Laufgefühl, das man einfach erlebt haben muss.

Der reine Spaziergang dauert etwa drei Stunden, je nach Verweildauer bei den einzelnen Sehenswürdigkeiten entsprechend länger.

7 Karte Seite 48

Hadrianstor ⓫ und **Olympieion ⓬

Vom Sintagmaplatz aus spaziert man am besten durch den schattigen Nationalgarten bis zum Leoforos Olgas, den auf der gegenüberliegenden Seite das Olympieion-Gelände begrenzt. Direkt vor seinem Eingang am Leoforos Amalias steht mitten im schlimmsten Verkehrsgetümmel das **Hadrianstor,** das die Athener 131/132 n. Chr. dem römischen Kaiser Hadrian errichteten. Unter ihm, der sich als Grieche fühlte und viel Zeit in Athen verbrachte, erlebte die Stadt im Verlauf der römischen Fremdherrschaft noch einmal eine Blütezeit.

Der trotz seiner Höhe von 18 m eher unscheinbar wirkende Torbogen aus pentelischem Marmor markierte die Grenze zwischen dem alten Athen und dem neuen, unter Hadrian erbauten Villenviertel am Ilissos. Darauf weisen auch die beiden Inschriften am Architrav hin. An der Seite, die zur Akropolis hin liegt, heißt es: »Dies ist Athen, die alte Stadt des Theseus« – und an der Seite zum Olympieion hin: »Dies ist Hadrians Stadt und nicht die des Theseus«.

Hinter dem Bogen liegt der Eingang zum ****Olympieion,** dem Tempel des Olympischen Zeus, dessen kolossale Säulen noch heute das Straßenbild beherrschen. Die Fundamente dieses nach dem Heraion auf Samos größten griechischen Tempels wurden bereits im ausgehenden 6. Jh. v. Chr. gelegt, vollendet wurde der Bau jedoch erst unter Hadrian. Der Kaiser weihte ihn 131 n. Chr. anlässlich der Eröffnung der Panhellenischen Spiele. Im Mittelalter wurde das Heiligtum als Steinbruch missbraucht. Nur 15 der 104 etwa 17,25 m hohen und fast 2 m dicken Säulen mit herrlichen korinthischen Kapitellen blieben an ihrem ursprünglichen Platz stehen.

In seinen unteren Teilen rekonstruiert wurde das Propylon, der einzige Zugang zur Tempelterrasse. Sie misst 206 mal 130 m und ist von einer Umfassungsmauer umgeben, die mit 100 Stützpfeilern versehen war.

Das Olympieion

Das Kykladenmuseum ...

... und eines seiner Exponate

handel in Ägypten ein Vermögen verdient hatte. 1931 schenkte der passionierte Sammler das Haus und die Kollektionen dem Staat. In den folgenden Jahren wurden sie durch Geschenke noch bereichert, so dass die Sammlungen heute die vielfältigsten von ganz Athen sind.

Nach zehnjährigem Umbau ist dieses größte Privatmuseum Griechenlands im Sommer 2000 wieder eröffnet worden. Das Haus umfasst jetzt nur noch die griechischen Sammlungen von der Antike bis ins 20.Jh., darunter Meisterwerke der hellenistischen Goldschmiedekunst, qualitätvolle byzantinische Ikonen, darunter zwei von El Greco, und Erinnerungen an den Freiheitskampf. Die übrigen Sammlungen wurden über ganz Athen verteilt. Regelmäßig finden Wechselausstellungen statt. Das Museum ist Mo, Mi, Fr, Sa 9–17 sowie So 9–15 und Do 9–24 Uhr geöffnet. Infos zu allen Sammlungen: www.benaki.gr.

Vom **Dachgartencafé** des Museums kann man bei einer Ruhepause den Blick in den Nationalgarten hinüber genießen. ❍

8
Karte Seite 80

**Museum für kykladische Kunst ㊻

Das Athener Antikenmuseen ist eine Stiftung des Reederehepaars Nikolas und Dolly Goulandris, das seit den 1950er Jahren eine Sammlung mit dem Schwerpunkt kykladische Kunst

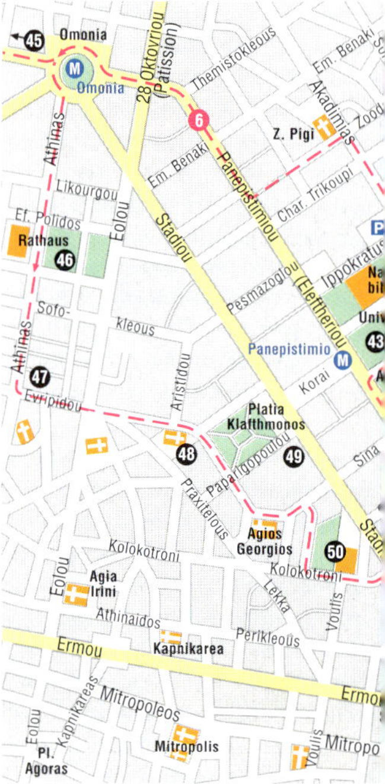

Das Kykladenmuseum …

… und eines seiner Exponate

handel in Ägypten ein Vermögen verdient hatte. 1931 schenkte der passionierte Sammler das Haus und die Kollektionen dem Staat. In den folgenden Jahren wurden sie durch Geschenke noch bereichert, so dass die Sammlungen heute die vielfältigsten von ganz Athen sind.

Nach zehnjährigem Umbau ist dieses größte Privatmuseum Griechenlands im Sommer 2000 wieder eröffnet worden. Das Haus umfasst jetzt nur noch die griechischen Sammlungen von der Antike bis ins 20.Jh., darunter Meisterwerke der hellenistischen Goldschmiedekunst, qualitätvolle byzantinische Ikonen, darunter zwei von El Greco, und Erinnerungen an den Freiheitskampf. Die übrigen Sammlungen wurden über ganz Athen verteilt. Regelmäßig finden Wechselausstellungen statt. Das Museum ist Mo, Mi, Fr, Sa 9–17 sowie So 9–15 und Do 9–24 Uhr geöffnet. Infos zu allen Sammlungen: www.benaki.gr.

Vom **Dachgartencafé** des Museums kann man bei einer Ruhepause den Blick in den Nationalgarten hinüber genießen. ❍

8
Karte Seite 80

**Museum für kykladische Kunst 56

Das Athener Antikenmuseen ist eine Stiftung des Reederehepaars Nikolas und Dolly Goulandris, das seit den 1950er Jahren eine Sammlung mit dem Schwerpunkt kykladische Kunst

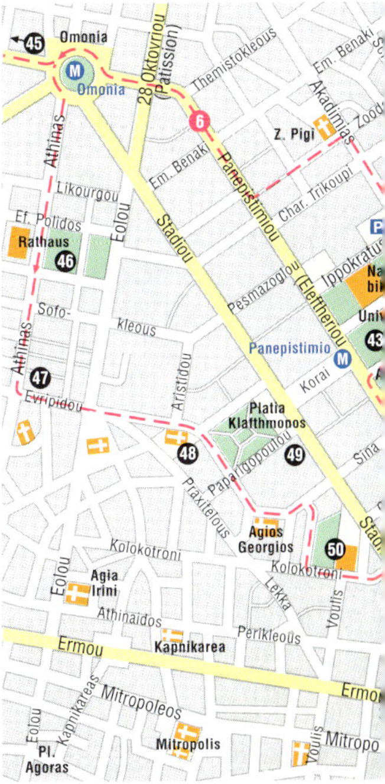

Die wundervollen Kapitelle gehören zum Olympieion

Bei den Ausgrabungen nördlich des Tempels stießen Archäologen auf Häuserfundamente aus der klassischen Zeit, auf Reste der themistokleischen Stadtmauer sowie einer römischen Thermenanlage. Von der Südseite der Tempelterrasse fällt der Blick auf das nicht zugängliche Ilissos-Ausgrabungsgebiet. In dem grün überwucherten Gelände erkennt man die spärlichen Grundrisse mehrerer kleinerer Heiligtümer, deren Gründung zum Teil bis in mythische Zeit zurückreicht. Der Fluss Ilissos galt in der Antike als heilig. Er entspringt auf dem Hymettos und fließt heute großenteils unterirdisch zum Meer.

7 Karte Seite 48

*Erster athenischer Friedhof ㊸

Paris hat seinen Père-Lachaise, Wien seinen Zentralfriedhof und Athen seinen Ersten athenischen Friedhof, den »Proto Nekrotafio«, auf dem seit König Ottos Zeiten die Reichen und Prominenten ruhen, lokale Berühmtheiten ebenso wie international bekannte Geistesgrößen des 19. Jhs., die sich um Griechenland verdient gemacht haben.

Die dicht bei dicht stehenden prächtigen Grabbauten (Oikoi) – Mausoleen, Standbilder mit Medaillons, Obelisken und Säulen mit den Büsten

Die Grabstätte Heinrich Schliemanns

der Verstorbenen, mächtige Sarkophage, alle in weißem Marmor – haben das Parkgelände zu einem Museum werden lassen, das in Stein gemeißelt die Geschichte des neugriechischen Staates erzählt.

Einige Grabstätten sind auch künstlerisch bemerkenswert. So zieht das Grab der Sophia Afendakis am Beginn des Mittelweges noch heute die Besucher in seinen Bann. Sie bewundern die »Koimomeni« (»Schlafende«) von Giannoulis Chalepas (1854–1937) von der Insel Tinos, der als der bedeutendste griechische Bildhauer des 19. Jhs. gilt. Die meisten Denkmäler in dieser schneeweißen Totenstadt aber kopieren antike Säulen, Skulpturen und Reliefs, deren Originale man im Kerameikos- oder auch im Nationalmuseum studieren kann.

Ein beliebtes, immer wiederkehrendes Motiv in der Grabplastik ist die »trauernde Athene«, ferner Sphinxe und Grabstelen, wie man sie auf dem Kerameikos sieht. Das einzige, was in dieser nostalgisch-antikisierten Gräberstadt an die Gegenwart erinnert, sind kunstvoll gerahmte Fotos der Toten aus der Zeit, als sie noch mitten im Leben standen: zufrieden lächelnd mit der geliebten Zigarette im Mund, fröhlich die Kapitänsmütze schwin-

gend oder übermütig den Fotografen anstrahlend.

Links auf der Anhöhe oberhalb des Mittelweges steht das Grabmonument von Heinrich und Sophia Schliemann in Form eines dorischen Tempels. Diesen exponierten Platz mit Blick auf die Akropolis und weiter in Richtung Mykene hatte Schliemann schon zu Lebzeiten als letzte Ruhestätte gewählt. Ein Teil des Sockelreliefs stellt den aus einer Homer-Ausgabe rezitierenden Archäologen mit Sophia in Troja dar, umgeben von türkischen Arbeitern.

Unterhalb des Hügels, am Mittelweg, fällt links vom Eingang die prunkvolle ewige Heimstatt von Georgios Averoff auf. Dieser großzügige Wohltäter Athens finanzierte seinerzeit nicht nur den Wiederaufbau des antiken Stadions, sondern schenkte dem Staat auch sein erstes Kriegsschiff. Schräg unterhalb des Schliemann-Tempelchens befindet sich die eher schlichte Grabstätte von Melina Mercouri (1925–1994), der beliebten Schauspielerin und Kulturministerin, deren Vater und Großvater ebenfalls Politiker waren. Einige Schritte weiter liegt das Grab von Andreas Papandreou. Schräg gegenüber sind die Athener Bürgermeister unter sich: Der 1992 viel zu früh – bereits im Alter von 56 Jahren – verstorbene Bürgermeister Antonis Tritsis, der mit Athen noch so viel vor hatte, ruht hier neben seinem Kollegen Kostas Kotsias. Auch diese beiden Gräber sind von großer Einfachheit.

Etwas weiter den Hauptweg entlang gehend trifft man auf die schlichte Grabstelle mit dem Medaillon von Sir Richard Church (1784 bis 1873), Generalissimus der griechischen Truppen im Befreiungskrieg, der als »Stratikos Georgio« allseits verehrt in Athen starb; schräg dahinter das Grab von Adamantios Korais (1748–1833), einem der geistigen Wortführer im Kampf der Griechen um ihre Unabhängigkeit. Der deutsche Archäologe Adolf Furtwängler (1853 bis 1907) fand in der protestantischen Abteilung des Friedhofs, in der auch englische und amerikanische Philhellenen begraben sind, seine letzte Ruhestätte. Das Grabmonument trägt die Bronzekopie einer Sphinx, die Adolf Furtwängler auf Ägina freigelegt hatte.

Man erreicht den Friedhof über die leicht ansteigende Odos Anapafseos (»Straße der ewigen Ruhe«), an deren Ende der einzige Eingang liegt.

*Stadion 54

Am Fuße des dicht mit Pinien bestandenen Ardittoshügels, der aus Angst vor Brandstiftung versperrt ist, liegt in einer kleinen Senke das schneeweiß leuchtende Stadion. Im Jahre 330 v. Chr. ließ es der Athener Staatsmann Lykurg für die Panathenäischen Spiele errichten, nach ihnen heißt es heute »Panathinaikos«. Unter den Römern, vermutlich unter Nero, wurde der Bau Schauplatz ganz anderer »Lustbarkeiten«. Sie feierten in der Arena Tierhetzen und Gladiatorenzweikämpfe mit gewöhnlich tödlichem Ausgang – Sportarten, die bis dahin in Griechenland unbekannt, in Rom dagegen populär waren. Je grausamer das Geschehen in der Arena war, um so mehr gierte das Publikum nach Blut und Gemetzel. Für Seneca waren Gladiatorenkämpfe »reiner Mord«.

60 000 jubelnde, brüllende, anfeuernde Menschen fanden auf den 47 Sitzreihen Platz, die über 29 Treppen rasch besetzt und verlassen werden konnten; in modernen Sportstadien findet man kaum bessere Sicherheits-

7 Karte Seite 48

Das Stadion, Austragungsort der Olympischen Spiele 1896

Heute darf jeder an der antiken Stätte Sport treiben

Die Olympischen Spiele

Die ersten Olympischen Spiele der Neuzeit wurden von Baron Pierre de Coubertin ins Leben gerufen und vom Internationalen Olympischen Komitee nach Athen vergeben. Am 5. April 1896 wurden sie feierlich in dem nach den Originalplänen rekonstruierten Stadion eröffnet. 285 Athleten aus 13 Nationen kämpften in neun Disziplinen um die Medaillen. Umjubelter Held war der Grieche Spiridon Louis, der die Goldmedaille im Marathonlauf gewann. Obwohl er die Konkurrenz um Längen schlug, soll der lustige Schafhirte unterwegs noch Zeit gefunden haben, sich in einer Taverne bei Wein und Käse zu stärken.

Heute finden im alten Olympiastadion keine Wettkämpfe meht statt. Ausnahme war das Jahr 2004, denn da fand die Olympiade nach 108 Jahren endlich wieder in Athen statt und das historische Marmoroval war erneut der Ort des Marathon-Zieleinlaufes. Auch die Bogenschützen ermittelten hier ihre Sieger.

Lange Zeit sah es vor den Olympischen Spielen jedoch so aus, als bekämen die Griechen weder den Olympiakomplex mit dem neuen Olympiastadion (Metrolinie 1, Station Irini) und -halle, Velodrom und Schwimmstadion in Marousi rechtzeitig fertiggestellt, noch die zahlreichen geplanten Infrastrukturmaßnahmen, von der Fußgängerzone über die Autobahn bis zur Straßenbahn. Doch kurz vor den Spielen lichtete sich das Chaos in letzter Minute doch noch, und Athen zeigte sich in neuem Glanz. Zweifellos hat die Stadt enorm von den Spielen profitiert und dies kommt auch den Besuchern zugute. Die Metro fährt bis zum Flughafen, die Autobahn ist fertig, die Straßenbahn an der Küste ein echter Gewinn, die Altstadt und viele andere Straßen sind verkehrsberuhigt. Und für Sportveranstaltungen nicht mehr benötigte Olympiastätten wie der Helleniko Olympic Complex auf dem Gelände des alten Flughafens werden zum Naherholungsgebiet. Gut zu erreichen mit der Tram ab Syntagma.

7 Karte Seite 48

vorkehrungen. Für die neuen Panathenäen-Festspiele 140 n. Chr. wurde das Stadion aus pentelischem Marmor neu erbaut. Die Kosten dafür trug Herodes Attikus, der den Athenern auch das Odeion schenkte. Sein generöser Nachfolger im 19. Jh. war der in Alexandria lebende griechische Kaufmann Georgios Averoff. Er finanzierte den Wiederaufbau des Stadions, das im Mittelalter als Steinbruch missbraucht worden war. Die Reste hatte Ernst Ziller 1870 freigelegt.

Endgültig fertig gestellt wurde die Sportstätte erst 1906, die ersten nachantiken Spiele 1896 fanden in dem notdürftig hergerichteten Rohbau statt. Eine Gedenktafel verzeichnet alle Veranstaltungsorte der Olympischen Spiele von 1896 bis heute, eine andere erzählt (auf griechisch) die Geschichte des Baus.

Für die Wettkämpfe der Olympischen Spiele 2004 wurde das hufeisenförmige Stadion wegen seiner engen Kurven und der den antiken Maßen entsprechenden Laufbahn nur als Ziel für den Marathonlauf und die Wettbewerbe im Bogenschießen genutzt. Es dient heute für Kundgebungen und Konzerte sowie als private Laufbahn. Von den marmornen Sitzen aus bietet sich ein herrlicher Parthenonblick.

Einblicke in das Athener Alltagsleben gewinnt man bei einem Spaziergang durch das hügelige Pangrati-Viertel zur Platia Varnava. Feinschmecker steuern die vom Platz abgehende Odos Pyrronos an, denn in Haus Nr. 5 befindet sich Athens wohl bestes Restaurant, das **Spidea** (Tel. 21 07 52 06 58, tgl. 20.30–0.30 Uhr, ○○○). Auch vom Ersten Athener Friedhof (s. S. 76) aus kann man durch das Viertel laufen, und kommt dann wieder am Stadion raus.

Weg 8

Die Museumsmeile

Sintagmaplatz → Leoforos Vasilissis Sofias → *Kolonaki → *Lykabettos

Sechs Museen liegen am oder in unmittelbarer Nähe vom Vasilissis-Sofias-Boulevard, der vom Sintagmaplatz in Richtung Kolonaki und weiter nach Kifisia führt. Wer sie alle besuchen will, muss einen ganzen Tag für diesen Besichtigungsmarathon einplanen. Die 1880 angelegte Allee ist mit ihren stattlichen klassizistischen Stadtvillen, heute Domizile von Botschaften und Museen, noch immer eine der nobelsten Straßen Athens. Für kleine Verschnaufpausen bieten sich die Straßencafés am Kolonakiplatz oder in der smarten Fußgängerstraße Odos Millioni an. Abschließender Höhepunkt dieses Weges kann ein Abendessen im »Orizontes« sein, das auf dem Lykabettos, dem höchsten Punkt Athens, liegt.

Zwei Botschaften stehen am Beginn des Vasilissis-Sofias-Boulevards: die französische und die italienische, beide als Großbürgervillen um 1885 erbaut, letztere von Ernst Ziller.

7 **Benaki-Museum 55

Vom Ende des 19. Jhs. stammt auch das klassizistische Wohnhaus der Familie Benaki an der Ecke zur Odos Koumbari, in dem das Benaki-Museum untergebracht ist. Seinen Grundstock bildet die umfangreiche private Kunstsammlung des Kaufmanns Antonios Benakis, der mit dem Baumwoll-

8 Karte Seite 80

aufgebaut hatte. Ziel war es von Anfang an, die Kollektion der Öffentlichkeit zugänglich zu machen. Inzwischen vergrößert eine weitere Stiftung die Bestände: die Sammlung antiker griechischer Kunst des Industriellen Karolos Politis (im 4. Stock). Geglückte Architektur ist allein schon das kühl-elegante Gebäude aus Marmor und Glas. Entworfen hat es Giannis Vikelas, der auch das Außenministerium an der Vasilissis Sofias erbaute.

Besonders gelungen ist der Aufbau der Sammlungen. In keinem anderen Athener Museum – manche gleichen eher überfüllten Magazinen – sind die Exponate eindrucksvoller inszeniert. Jedes Stück wird zu einem Ereignis.

Einzigartig ist die **Kykladische Sammlung,** deren 350 Unikate einen Überblick über alle Epochen und Stile dieser Kultur (3200–2000 v. Chr.) geben. Die Idole werden so geschickt präsentiert, dass sie gleichsam zu

41 Wohnhaus Schliemanns
42 Dionisios-Kathedrale
43 Athener Trilogie
44 Theatermuseum
45 Nationaltheater
46 Kotziaplatz
47 Städtischer Zentralmarkt
48 Agii-Theodori-Kirche
49 Vouros-Haus
50 Altes Parlamentsgebäude
51–54 s. S. 49 (Weg 7)
55 Benaki-Museum
56 Museum für kykladische Kunst
57 Megaron Stathatis
58 Byzantinisches Museum
59 Kriegsmuseum
60 Nationalgalerie
61 Megaron Mousikis
62 Botschaft der USA
63 Gennadios-Bibliothek
64 Lykabettos

8
Karte Seite 80

Plausch am Kolonakiplatz

schweben scheinen. Dadurch tritt die elementare Präsenz dieser Figuren, die Künstler wie Picasso, Brancusi, Modigliani und Moore faszinierten, noch eindrucksvoller hervor. Die meist weiblichen Figuren der kykladischen Sammlung mit den unter der Brust gekreuzten Armen sind in allen Größen vorhanden; manche sind nur wenige Zentimeter hoch, andere erreichen fast Lebensgröße. Zwei männliche Statuetten sollen besonders hervorgehoben werden: der 25 cm hohe »Mann mit dem Riemen« und der reizende, nur 15 cm große »Prostende Mann«, der auf einem Schemel sitzt und den Becher hebt.

Das zweite Stockwerk stellt Kleinkunst aus den verschiedensten griechischen Epochen vor, vom 2. Jt. v. Chr. bis 400 n. Chr., darunter einige außergewöhnlich schöne schwarz- und rotfigurige attische Vasen sowie zwei Fischteller aus Unteritalien von hoher künstlerischer Qualität. Singulär sind die von Lambros Evtaxias gestifteten Bronzegefäße aus dem 5./4. Jh. v. Chr.

Nach dem Rundgang kann man in dem intimen bepflanzten Innenhof (Café) eine Ruhepause einlegen. Von hier aus führt auch die Verbindungstreppe in das **Megaron Stathatis** 57, das Ziller kurz vor 1900 als Stadtvilla für den Kaufmann Stathatos erbaut hatte. Seine großbürgerliche Innenausstattung gibt den stilvollen Rahmen für die wechselnden Ausstellungen, während ca. 500 beim Metrobau gefundene Objekte ständig zu sehen sind. (Mo–Fr 10–16, Sa 10–15 Uhr; Di/So geschl.; www.cyclsadic-m.gr)

Im **Museumsladen** kann man Kopien der attraktivsten Ausstellungsstücke kaufen. Obwohl sie hervorragend gearbeitet sind, bleiben die Preise moderat.

8 **Byzantinisches Museum 58

Dieses Museum, das einzige seiner Art in Europa, zeigt seit Sommer 2005 seine Wechelausstellungen in einem der ältesten Privatpalais am Vasilissis-Sofias-Boulevards. Stamatis Kleanthis erbaute die »Villa Ilissia« 1848 für die exzentrische Herzogin von Piacenza, eine Griechenlandfreundin, die sich nach einem abenteuerlichen Leben 1829 in Athen niederließ und hier einen Kreis von Intellektuellen und Künstlern um sich scharte. Seit 1930 ist die Villa Sitz des Byzantinischen Museums.

Nach umfassender Renovierung präsentiert das Museum seit Juli 2004 über 1200 frühchristliche und byzantinische Kunstwerke aus dem 4.–15. Jh.: liturgische Geräte, Freskenfragmente sowie zahlreiche kostbare Ikonen aus dem 13.–16. Jh. Als eins der schönsten Stücke gilt der berühmte Epitaphios von Thessaloniki, eine ungewöhnlich ausdrucksstarke Stickerei (14. Jh.) mit Szenen aus dem Leben Christi (Di–So 8.30–15 Uhr).

Im Laufe des Jahres 2006 soll dann auch der zweite Teil der großen und bedeutenden Sammlungen dauerhaft gezeigt werden können.

8 Karte Seite 80

Im Byzantinischen Museum

Kriegsmuseum (59)

Dieses 1975 eröffnete Museum ist die einzige kulturelle Hinterlassenschaft der Obristendiktatur. Es vermittelt einen Überblick über die von den Griechen geführten Kriege von der Antike bis zum Zweiten Weltkrieg, z. B. auch über den Freiheitskrieg (Di–Sa 9–14 Uhr, So 9.30–14 Uhr, Eintritt frei).

Nationalgalerie (60)

Gegenüber dem »Hilton« liegt am Vasileou Konstantinou die »Ethniki Pinakothiki«, die Nationalgalerie (Mo–Sa 9–15 Uhr, So 10–14 Uhr, Mo, Mi 18–21 Uhr). Sie wurde um 1900 gegründet, hat aber erst seit 1976 ein eigenes Domizil. Ihr Schwerpunkt liegt auf der Malerei und Skulptur des 19./20. Jhs. Aus dieser Zeit überwiegen Historienbilder, Porträts und Seestücke. Am interessantesten sind die Werke von Konstantin Volanakis (1837–1907), Theodoros Vryzaklis (1814–1878) und Nikolaos Gyzis (1842–1901) von der Insel Tinos, dessen Genrestück »Die Waisenkinder« 1995 bei Sotheby's immerhin 700 000 DM einbrachte.

Ein Raum im Obergeschoss zeigt etwa 30 Werke des Athener Malers Nikos Hatzikiriakos-Ghikas, des bedeutendsten griechischen Kubisten.

Zeitgenössische Kunst

Bis auf den 1916 geborenen Maler Jannis Moralis ist die neuere zeitgenössische Kunst in der Nationalgalerie so gut wie nicht vertreten. Ihrer nimmt sich besonders der zypriotische Kunstsammler Dimitris Pierides an. Die **Pierides-Sammlung** umfasst über tausend Gemälde, Skulpturen und Objekte international bekannter Größen wie Ghikas, Moralis, Tsarouchis, Fassianos, Makridis, Pavlos, Psychopaidis, Kostas Tsoklis und andere.

Ein Teil der Sammlung wird im **Pierides Museum der antiken Kunst Zyperns** (im Komplex der ehemaligen Seidenfabrik Athinais, Kastorias 34–36, tgl. 9.30–23 Uhr; www.athinais.com.gr) gezeigt.

Werke zeitgenössischer griechischer Künstler aus der Pierides-Kollektion zeigt die Kunsthalle im gleichen Komplex. Dort gibt es auch ein Multiplex-Kino, zwei Restaurants und zwei Cafés. In- und ausländische Künstler präsentiert ebenfalls das Zentrum für zeitgenössische Kunst der DESTE-Stiftung (Omirou 8, Neo Psychiko, www.deste.gr).

Mitte 2006 soll das **Nationalmuseum für zeitgenössische Kunst** (Tel. 21 09 24 21 11; www.emst.gr) in die ehemalige Fix-Brauerei (Kallirois & Odos Frantzi) einziehen. Bis dahin sind die wechselnden Ausstellungen ins Megaron Mousikis ausgelagert (Di–So 11–19, Do bis 22 Uhr).

8
Karte Seite 80

Waren seine ersten Gemälde noch von den großen französischen Vorbildern Matisse und Picasso geprägt, fand Ghikas später zu einem eigenen »griechischen« Stil.

Moderne Architektur

Wer sich für moderne Architektur interessiert, sollte dem Vasilissis Sofias noch ein wenig nach Norden folgen. Direkt neben dem Venizelos-Park (mit dem Venizelos-Museum, das Erinnerungsstücke an den beliebten Politiker ausstellt) erhebt sich das **Megaron Mousikis** ⓺①, die moderne Konzerthalle. Als renommiertes Kulturzentrum zieht es bedeutende ausländische Künstler an (www.megaron.gr; Termine im Veranstaltungskalender der »Athener Zeitung«). So ließ z. B. John Neumeier 1995 hier mit großem Erfolg sein Ballett »Odyssee« uraufführen. Auf dem Gelände entsteht ein Kongress- und Kulturzentrum. Im Foyer des »Megaron« gibt es oft Ausstellungen bekannter Künstler.

In direkter Nachbarschaft liegt die **Botschaft der USA** ㉜. Sie wurde 1956–1961 erbaut und gilt als ein bedeutendes Spätwerk von Walter Gropius (1883–1969).

Odos Gennadiou

Wer die zum Lykabettos hin ansteigende Odos Gennadiou hinaufspaziert, kommt am **Moni Petraki** aus dem 18. Jh. vorbei. Das Kloster ist heute Sitz der »Heiligen Synode«.

Interessenten zugänglich ist die **Gennadios-Bibliothek** ㉝ am Ende der Straße. Der klassizistische Bau aus naxischem Marmor wurde 1923 für die Bibliothek errichtet, die Giannis Gennadios, griechischer Botschafter in London, der American School of Classical Studies gestiftet hatte. Die inzwischen auf über 100 000 Bände angewachsene Sammlung umfasst alle wichtigen Veröffentlichungen über Griechenland, darunter seltene literarische Erstausgaben, kostbare Manuskripte sowie Dokumente zum griechischen Freiheitskrieg. Reichhaltig sind auch die Bestände der archäologischen Schriften und der Reisebeschreibungen vom 15. bis 19. Jh.

9 *Lykabettos ㉞

Der höchste Hügel Athens ist mit 277 m der kegelförmige, von der weißen Kapelle Agios Georgios bekrönte Lykabettos (Likavitos), eine Oase im Zentrum Athens, von der aus man den Straßenlärm allenfalls wie durch einen Filter wahrnimmt. Man erreicht den grünen Bergrücken entweder zu Fuß (am besten ab der Loukianoustraße) oder mit der unterirdisch fahrenden Zahnradbahn *(Teleferik)* ab der Ecke Plutarchou/Aristippou.

Im **Lykabettos-Freilichttheater** finden im Sommer diverse Musikveranstaltungen statt, u. a. Gastspiele im Rahmen der Athener Festspiele. Vorverkauf: Panepistimiou 39.

Der Blick vom Gipfel über Athen und die Küste ist einzigartig, besonders abends, wenn die Stadt ein einziges Lichtermeer ist. Wem dieses Ambiente gefällt, der sollte sich einen Abend für einen Besuch des Gipfelrestaurants **Horizons from Lycabettos** reservieren (Tel. 21 07 21 07 01; www.kastelorizo.com.gr). ○○○

Vom Gipfel des Lykabettos aus kann man bis zum Hafen von Piräus sehen

8 Karte Seite 80

Weg 9

Vom Lykabettos nach Exarchia

Lykabettos → Politechnion → ***Archäologisches Nationalmuseum → Areos-Park

Dieser Weg macht Sie mit dem größten und bedeutendsten Museum Griechenlands bekannt, dem Archäologischen Nationalmuseum. Nichts wäre verkehrter, als in Rekordzeit hektisch die über 50 Säle zu durcheilen. Vier bis fünf Stunden sind das Mindeste, um den Zauber der einmaligen, unschätzbaren Kunstwerke auf sich wirken zu lassen; besser wäre es, sich einen ganzen Tag für das Gold von Mykene und die Fresken von Akrotiri freizuhalten. Vom Besichtigungsstress erholen kann man sich dann im nahen Strefi- oder Areospark.

Exarchia

Vom Lykabettos gelangt man durch den Pefkakiapark hinunter nach Exarchia, dem Viertel zwischen dem Lykabettos und dem Nationalmuseum, das von seinen studentischen Bewohnern zur Erinnerung an die Studentenrevolten »Anarchia« genannt wird. Zwar ist Exarchia nach wie vor ein heißes Pflaster, doch so extrem wie noch gegen Ende der 1980er-Jahre geht es hier nicht mehr zu. Auch in Athen sind die Studenten ruhiger geworden.

Die engen Straßen von Exarchia zeigen ein unverfälschtes Bild von einem Alt-Athener Wohnviertel, in dem man noch auf viele z. T. schön renovierte klassizistische Häuser trifft. Eines ist das um 1880 erbaute Haus des Lyrikers Napoleon Lapathiotis (1888 bis 1943) an der Odos Oikonomou/Kountouriotou, der dem Kreis der so genannten *décadents* angehörte.

Von der Platia Exarchion steigt die Themistokleous zum kleinen Strefihügel (Lofos Strefi), der der gleichnamigen Familie gehörte. 1911 ging er in den Besitz der Stadt über, die ihn zu einem öffentlichen Park gestaltete.

Auch die Platia Exarchia wurde neu gestaltet. Die zahlreichen Cafés, Bars und Restaurants mit ihrem studentisch-szenigen Publikum sind am Platz geblieben. So das nett gestylte **Floral** oder die **Wunderbar.** Eine beliebte und güngstige Taverne um die Ecke ist **Rozalia** (Valtetsiou 58).

Bands der härteren Art spielen regelmäßig im **AN,** Solomou 13–15. Direkt daneben der Rembetiko-**Club Dionysos.**

Helden und Terroristen

Nahezu jede griechische Stadt hat eine Odos Iroon Politechniou. Der Straßenname gedenkt der »Helden des Polytechnikums«, der Athener Studenten, die wesentlich zum Sturz der Militärjunta im Jahr 1974 beigetragen haben. Damals, im November 1973, eskalierten die Studentenunruhen zu einer gewaltigen Protestaktion. Die Hochschüler verschanzten sich auf dem Universitätsgelände, großartig unterstützt von den Athenern, die sie mit Lebensmitteln und allem Notwendigen versorgten. In der Nacht vom 16. zum 17. November entlarvte sich die Militärregie-

9 Karte Seite 88

Politechnion 65

Im Politechnion zu studieren, ist der Traum eines jeden jungen Griechen, aber nur die begabtesten haben eine Chance, an dieser Eliteuniversität aufgenommen zu werden. Das nach antiken Vorbildern konzipierte klassizistische Gebäude (1862–1880) ist das Hauptwerk des seinerzeit vielbeschäftigten Athener Architekten Lysandros Kaftanzoglou, der später wie sein Kollege Ernst Ziller Professor am Polytechnikum war. Im November 1973 initiierten vom Polytechnikum aus die politisch aktiven Studenten den Aufstand gegen die Obristen (s. u.).

10 ***Archäologisches Nationalmuseum 66

Direkt neben dem Politechnion liegt der »griechische Louvre«, das Archäologische Nationalmuseum, das vor der Olympiade renoviert wurde. Es besitzt

Die berühmte »Agamemnon-Maske«

die umfassendste Sammlung griechischer Kunstwerke aus allen Epochen. Seine Schätze wurden aus dem ganzen Land hierher geschafft. Erst seit wenigen Jahrzehnten streben die Griechen an, Funde möglichst am Grabungsort auszustellen. Im Nationalmuseum könnte man Tage zubringen (Mo 10.30–18.45, Di–So 8–18.45 Uhr).

Am besten ist es, seine Schritte zunächst gezielt zu den Werken zu lenken, die »man gesehen haben muss« – und das sind nicht wenige.

rung schließlich selbst: Schwere Panzer durchbrachen die Tore, Scharfschützen nahmen den Hof unter Beschuss. 43 junge Leute kamen ums Leben. Seitdem ist der 17. November in Athen zu einer Art drittem Nationalfeiertag geworden, der alljährlich feierlich mit Kranzniederlegungen begangen wird.

Im Oktober 1991 brannte das Rektoratsgebäude des Polytechnikums vollständig aus. Die Zerstörung geht auf das Konto so genannter Berufsrevoluzzer, hinter denen sich vermutlich die linksextremistische Untergrundorganisation »17. November« (Dekaefta Noemvriou) verbirgt. Diese kleine skrupellose Terrorgruppe galt als die gefährlichste Griechenlands. 25 Jahre lang verbreitete sie Angst und Schrecken in Athen. Bei den mehr als 200 Anschlägen, zu denen sich »17 N« bekannte, wurden über 100 Menschen verletzt, 23 kamen ums Leben.

Die jahrzehntelange Fahndung nach den Killern hatte 2002 Erfolg, als der Polizei einige mutmaßliche Hauptakteure, darunter der mögliche Anführer der Terrorgruppe, ins Netz gingen.

9 Karte Seite 88

Buchstäblicher Glanzpunkt des Museums ist der **Mykenische Saal,** denn hier sind die spektakulären Funde Schliemanns und seiner Nachfolger aus dem »goldreichen« Mykene versammelt: Goldbecher, Bronzeschwerter mit kunstvollen Einlegearbeiten, Siegelringe mit Jagd- und Kampfszenen, Diademe und schließlich die ausdrucksstarken Totenmasken aus Goldblech. Schliemann hielt eine davon fälschlicherweise für die Maske des Agamemnon; unter diesem Namen wurde sie weltberühmt. Das »edle Gesicht« war aber nicht das des legendenumwobenen Königs von Mykene, sondern eines viel älteren Fürsten. Dies schmälert das Interesse der sich für die Antike begeisternden Besucher aber keineswegs. Sie stehen heute ebenso ergriffen vor »Agamemnon« wie einst Schliemann selbst, als er 1876 das Gräberrund dieser großartigen Zivilisation entdeckt hatte.

Heinrich Schliemann, **Mykenae.** Bericht über meine Forschungen und Entdeckungen in Mykenae und Tiryns. (WBG: Darmstadt, 1991)

65 Politechnion
66 Archäologisches Nationalmuseum

9
Karte Seite 88

Im Archäologischen Nationalmuseum

Weitere Höhepunkte sind der **Kykladische Saal,** in dem man seine im Goulandris-Museum (s. S. 80) gewonnenen Kenntnisse über die Kykladenkultur (3200 bis 2000 v. Chr.) weiter vertiefen kann, die großartigen **Skulpturensäle** sowie die reiche **Vasensammlung** im ersten Stock. Im Obergeschoss werden die Fresken (2. Jh. v. Chr.) von Akrotiri (auf Santorin) vorgestellt, die von einer großen Themenvielfalt zeugen. Ein Teil der Fresken wurde in das neue Museum nach Santorin zurückgebracht.

Areos-Park

Ein Spaziergang in diesem weitläufigen Park, dem **Pedion tou Areos,** bringt nach so viel Kunstgenuss Entspannung. Das an Denkmälern reiche »Marsfeld« – hier befand sich einst das Übungsgelände für König Ottos Kavallerie – wurde 1934 angelegt.

Beim Haupteingang an der Platia Egyptou steht die bronzene Reiterstatue Konstantins I. In die »Heldenallee« reiht sich zwischen all den Herren auch eine Dame ein: die tapfere Bouboulina (s. S. 97).

Abseits der Wege

Karte Seite 94

Kifisia

Dieser nördliche Vorort von Athen an den Ausläufern des Penteli, Endstation der Metro, galt schon in der Antike als Nobelviertel. Hier wurde um 342 v. Chr. der Komödiendichter Menandros geboren, und auch Herodes Attikus zog sich in diese grüne Sommerfrische zurück.

Seit der Mitte des 19. Jhs. entdeckte die Athener Aristokratie den Ort wieder für sich, der im Sommer mehrere Grad kühler ist als das Athener Zentrum. Einige schöne alte Villen stehen an der Tatoiou-, Pezmazoglou-, Kolokotroni- und in der Benakistraße. In der letzteren wohnte Ministerpräsident Trikoupis (Nr. 13). Benaki selbst, der Gründer des gleichnamigen Museums, residierte in Nr. 42. Der Diktator Ioannis Metaxas lebte in der Kefalliniasstraße. Dort überbrachte ihm der italienische Gesandte am Morgen des 28. Oktober 1940 das Ultimatum Mussolinis, auf das Metaxas mit dem berühmten kategorischen Ochi (»Nein«) reagierte. Seitdem ist der Ochi-Tag Nationalfeiertag.

Eines der populärsten neuen Restaurants bietet spannenderweise türkische Küche: **Tike,** Ecke Harilaou Trikapi und Kritis 27, Tel. 21 08 08 44 18. ○○

Byzantinische Klöster

Die byzantinischen Klöster wurden seit jeher an landschaftlich reizvollen Plätzen erbaut, die Hymettosklöster auf dem gleichnamigen Hügel östlich der Hauptstadt machen keine Ausnahme.

Karte Seite 94

Die UNESCO führt Kloster Dafni auf ihrer Liste des Weltkulturerbes

**Kaisariani

Versteckt unter alten Platanen und Pappeln, Zypressen und Eukalyptusbäumen liegt das unbewohnte Kloster Kaisariani. Es hat seinen Namen von der gleichnamigen berühmten Quelle, deren Wasser unter Kaiser Hadrian bis nach Athen geleitet wurde. Das köstliche Quellwasser gilt noch heute als heilkräftig und soll besonders bei Unfruchtbarkeit Wunder wirken. Es sprudelt aus einem antiken Widderkopf – vom Alten Athenatempel auf der Akropolis – der zum Wasserspeier umfunktioniert wurde (heute durch eine Kopie ersetzt).

Die Mönche von Kaisariani beschäftigten sich im Mittelalter mit der Bienenzucht; ihr Honig war eine geschätzte Delikatesse und so bekannt, dass über die dortige Schule gespottet wurde, sie zöge die Studenten mehr durch ihren Honig an als durch ihr Lehrangebot.

Innerhalb der Klostermauern liegen die Hauptkirche, der Trakt mit den Mönchszellen, das Refektorium, die Küche und ein Badehaus, das während der Türkenzeit in eine Ölmühle umgewandelt wurde. Die um 1000 errichtete **Marienkirche** ist ein Kuppelbau auf kreuzförmigem Grundriss. Ihre ursprünglichen Fresken sind verschwunden. Die jetzigen Wandbilder wurden im Stil der kretischen Schule des 17./18. Jhs. geschaffen.

Am besten besucht man das Kloster wochentags (Di bis So 8.30–15 Uhr; Bus 223 o. 224 ab Vas. Sofias). An den Wochenenden strömen die Athener zum Picknick hierher.

Moni Asteri

Auch hier leben keine Mönche mehr, und weil es weniger bekannt ist, wird es auch sehr viel weniger besucht. Tief unten erblickt man die Stadt, ohne dass ein Laut heraufdringt. Das Kloster stammt aus dem 11. Jh. und wurde in den sechziger Jahren des 20. Jhs. restauriert.

Da die Busverbindung (Nr. 224 ab Vasilissis Sofias) im Ort Kaisariani endet und der Aufstieg zum Kloster ca. 40 Minuten dauert, sollte man für die Hinfahrt ein Taxi (20 Minuten Fahrt ab dem »Hilton«) nehmen.

**Dafni

Das Kloster Dafni liegt 9 km vom Zentrum an der Straße nach Eleusis, der

Deckenmosaik im Kloster Kaisariani

antiken »Heiligen Straße« (Iera Odos). Die Anfahrt per Bus (A 16 ab Platia Eleftherias) dauert 20 Min. Das wegen Erdbebenschäden geschlossene Kloster bleibt auf unbestimmte Zeit zu.

Das von dicken byzantinischen Mauern abgeschirmte Kloster, eines der bedeutendsten in ganz Griechenland, entstand um 1080 an der Stelle eines älteren Baus aus dem 6. Jh., der über einem Heiligtum des Apollon Daphneios erbaut worden war.

Im 11. Jh. entstand auch die dem Tod Mariens (Kimisis Theotokou) geweihte Kirche, deren Vorbild die Klosterkirche von Osios Loukas war. Die Zisterzienser, denen der fränkische Herzog Othon de la Roche Dafni im Jahre 1211 übergab, erweiterten die Kirche um den Exonarthex mit gotischen Lanzettfenstern und den Glockenturm.

Das Schönste an der Kirche sind zweifellos ihre Goldmosaiken. Sie stammen alle aus dem 11. Jh., aus derselben Zeit also wie die von Osios Loukas (nahe bei Delphi) und die von Nea Moni auf der Insel Chios. Während jedoch jene bei all ihrer Schönheit die Herkunft von provinziellen Künstlern nicht verleugnen können, waren bei den Mosaiken von Dafni (Christus Pantokrator und 16 Propheten) Meister aus Konstantinopel am Werk.

Im Sommer findet in Dafni ein Weinfest statt.

Ausflüge

Karte Seite 92

12 *Piräus eine echte Seemannsstadt

Piräus (Pireefs), das Tor zu den weit über 2000 griechischen Inseln, ist seit der Antike der Hafen von Athen. Laut und geschäftig, vital und übervölkert, wie es ist, erinnert es heute jedoch in nichts mehr an vergangenen Glanz. Piräus ist eine moderne, für das Mittelmeer typische Hafenstadt, die einem ins Bewusstsein ruft, dass die Griechen seit jeher eine seefahrende Nation waren. Die Stadt ist ganz vom Handel, Import-Export, Banken- und Versicherungswesen und nicht zuletzt vom Big Business Schifffahrt geprägt.

Nahezu alle der rund 800 griechischen Reeder haben hier ihre Niederlassungen, von denen aus sie die größte Handelsflotte der Welt dirigieren. Der Ruf der vielfach überalterten Tanker ist zwar nicht der beste, doch bringen sie dem Land fast ebenso viele Devisen wie der Tourismus.

In der Antike ließ Themistokles die ganze Halbinsel durch gewaltige Mauern befestigen. Die Verbindung nach Athen sicherte Perikles durch die berühmten »Langen Mauern«, einen gut geschützten Korridor, der lebenswichtig für die Stadt war. Einige Reste sind noch an dem Piraiki genannten

Weltoffenes Piräus

Ganz zu Unrecht hat Piräus den Ruf einer schmutzigen Hafenstadt. Verschönerungskuren, wie die Anlage von Parks und die Restaurierung der klassizistischen Häuser, haben die weltoffene Stadt attraktiver gemacht.

Karte Seite 92

Viel besungen und von großer Bedeutung: der Hafen von Piräus

Küstenabschnitt zu sehen. Unter der römischen Herrschaft blieb Piräus Flottenbasis, danach verlor es seine Bedeutung. Im Mittelalter hieß Piräus Porto Leone – nach einem antiken Marmorlöwen, der die Hafeneinfahrt bewachte. Morosini, der schon den traurigen Ruhm für sich beanspruchen konnte, 1687 den Parthenon zerstört zu haben, verschleppte den Löwen nach Venedig.

Als Athen 1834 Residenzstadt wurde, standen in Piräus nur noch eine Hand voll Häuser. Als erste Siedler ließen sich hier damals Flüchtlinge aus Chios, Hydra und Kreta nieder. Bereits um 1900 war Piräus ein Industriezentrum und mit der Eröffnung des Kanals von Korinth der wichtigste Hafen Griechenlands. 1920 zählte Piräus 130 000 Einwohner, 1922 hatte sich diese Zahl durch den Flüchtlings-

Karte Seite 92

strom aus Kleinasien fast verdoppelt. Heute ist die Hafenstadt nahtlos mit Athen zusammengewachsen.

Im Sommer zieht es viele in die Fischtavernen am malerischen runden Jachthafen Mikrolimano, in denen direkt am Wasser traditionsgemäß frischer Fisch aufgetischt wird, z. B. im **Jimmy and the Fish** (○○○).

Ein schöner Platz zum Verweilen ist der **Piräus Yacht Club** (Tel. 21 04 13 40 84). Hier stimmt alles: die Lage am Mikrolimano, die Aussicht, der Service, die Atmosphäre – nur die Küche könnte ein wenig phantasievoller sein. ○○○

Küche und Atmosphäre versetzen den Gast zurück in die griechische Antike: **Archaion gevsis,** Epidavrou 10, Tel. 21 04 13 86 17 (○○○).

Das ***Marinemuseum** am Zea-Hafen gibt einen Überblick über die griechische Kriegs- und Handelsschifffahrt von der Antike bis heute. Zu den Exponaten gehört der Panzerkreuzer »Averof« im Trokadero-Hafen von Neo Faliro, der besichtigt werden kann.

Im **Veakio-Freilichttheater** treten im Sommer Musik- und Tanzgruppen auf.

Das ****Archäologische Museum** in der Charilaou-Trikoupi-Straße 31 ist ein Muss für jeden Antikenfreund. Sehenswert ist unter den Reliefs besonders die römerzeitliche Kopie einer Amazonenschlacht, ferner das Grabmal von Kalithea aus dem 4. Jh. v. Chr. Seine Glanzstücke aber sind drei im Jahre 1959 aufgefundene Bronzestatuen: der »Apollon von Piräus« (um 520 v. Chr.), die älteste uns bekannte Großbronze überhaupt, sowie die Jagdgöttin Artemis und eine herrliche, versonnen blickende Athene mit Helm und Federbusch – beide aus dem 4. Jh. v. Chr. (Di–So 8.30–14.30 Uhr).

Das prächtige neoklassizistische **Stadttheater** zwischen Zentral- und Zea-Hafen war das größte Theater Griechenlands. Der Spielbetrieb – in Piräus wurde schon gespielt, bevor Athen selbst ein Theater hatte – liegt inzwischen seit Jahren darnieder, weil die Bühnentechnik veraltet ist. Geld zur Erneuerung ist nicht vorhanden, und so haben sich denn alle möglichen Institutionen hier eingenistet: das Historische Archiv, das Theatermuseum, Geschäfte und Cafés.

Die Inseln im Saronischen Golf

Der schönste Ausflug von Piräus dürfte eine Schiffsfahrt nach Ägina, Poros, Hydra und Spetsä sein. Alle vier Inseln

Karte Seite 94

werden von Fähren und Tragflügelbooten mehrmals am Tag angelaufen. Alle mit Ausnahme von Spetsä kann man auch auf einer Tageskreuzfahrt kennenlernen.

An den Wochenende sollte man die »schwimmenden Vororte« Athens jedoch meiden, da sie dann wegen der vielen Ausflügler überfüllt sind.

Der Aphaiatempel auf Ägina

*Ägina

Von den Inseln vor Athen weist nur Ägina mehrere bedeutende antike und byzantinische Sehenswürdigkeiten auf. Als einzige spielte sie im Altertum eine glorreiche Rolle – und sogar noch nach dem Unabhängigkeitskrieg, als die Inselhauptstadt 1826 bis

Karte Seite 94

1827 die erste Hauptstadt des von den Türken befreiten Landes unter Ioannis Kapodistrias war.

Die heutige **Stadt Ägina,** in der 6000 der 10 000 Ägineten leben, ist eine typische Inselstadt, in der sich das Leben an der Hafenfront abspielt. Nördlich des Hafens kündet eine einsame Säule *(kolona)* vom **Apollontempel,** der im 5. Jh. v. Chr. die Anhöhe bekrönte. Sehr viel mehr allerdings ist unter dem Hügel versteckt. Dort legte der Münchner Archäologe Franz Walter eine große prähistorische sowie mehrere nachfolgende Siedlungen frei. Die heute noch andauernden Ausgrabungen decken 4000 Jahre Siedlungsgeschichte ab. Einige Funde zeigt das Museum.

Die Hauptsehenswürdigkeit Äginas ist der dorische ****Aphaiatempel,** der um 500/480 v. Chr. aus heimischem Kalkstein erbaut wurde. Nur die Dachpartien und die Giebelskulpturen bestanden aus (parischem) Marmor. Den sehr gut erhaltenen Tempel entdeckte 1811 zufällig der Nürnberger Architekt Haller von Hallerstein. Die Ausgrabung des Heiligtums leitete ab 1901 Adolf Furtwängler.

Liebhaber byzantinischer Kunst werden an der mittelalterlichen Inselhauptstadt **Paläochora** nicht vorbeikönnen. Sie wurde im 9. Jh. als Zufluchtsort vor den Piraten gegründet und erst um 1800 aufgegeben, als die Ägineten wieder hinunter ans Meer zogen. Von der Geisterstadt auf dem Berg sind gut 20 Kirchlein übrig geblieben – schlichte Bauten mit Tonnengewölbe oder kleinen Kuppeln, stark verwittert und dem unaufhaltsamen Verfall preisgegeben.

Infos über die Fährverbindungen zu den Inseln erteilt das **Hellas Flying Dolphins Call Center,** Tel. 21 04 19 91 00; www.dolphins.gr.

Straßenszene in Poros

Auf Ägina werden seit rund hundert Jahren **Pistazien** angebaut. Erntezeit ist Mitte August bis Mitte September. Von Hand gesammelt, werden die Samen gewaschen und mehrere Tage in der Sonne getrocknet. Dann sind sie reif für den Export. Frische Pistazien aus Ägina sind eine Köstlichkeit. Besonders am Hafen werden sie an unzähligen Ständen verkauft, ein ideales Mitbringsel.

*Poros

Poros haftet außer seiner Landschaft nichts Spektakuläres an. Der grüne Fleck im Meer ist vom Peloponnes durch einen nur 400 m breiten Sund

Hippolyt und Phädra

Trizina (Troizen) ist Geburtsort von Theseus und Schauplatz der Tragödie von Hippolyt und Phädra. Als Hippolyt die Liebe seiner Stiefmutter Phädra zurückwies, verleumdete die Verschmähte ihn bei seinem Vater Theseus und beging Selbstmord. Auch Hippolyt fand den Tod, nachdem Theseus den vermeintlichen Verführer verflucht hatte.

(griech. *poros*) getrennt, und pausenlos pendeln Barkassen von der reizenden Hafenstadt Poros zu dem gegenüber inmitten endloser Zitronenwälder liegenden Galatas. Von dort fahren Autobusse nach **Trizina** (Troizen), wo noch geringe Reste eines Asklepiostempels zu sehen sind.

Auf Poros selbst erinnern die bescheidenen Reste eines **Poseidonheiligtums** (um 500 v. Chr.) an die Antike. Dort suchte 322 v. Chr. der große Athener Redner Demosthenes vor den Makedonen Asyl, darauf vertrauend, dass sie es nicht wagen würden, das Heiligtum zu entweihen. Als die Soldaten den Tempel umstellten, vergiftete er sich.

Einen Besuch lohnt das verlassene Kloster **Soodochos Pigi** (»Jungfrau der lebenspendenden Quelle«) aus dem 18. Jh. Marmortafeln erinnern an die Admirale und Kapitäne, die im Freiheitskrieg von 1821 Ruhm erlangten. Damals war Poros eine wichtige Flottenbasis.

**Hydra

Die Insel Hydra (Idra) ragt als nackter, wasserloser Granitrücken aus dem Meer. Bedeutung erlangte sie erst seit dem 16. Jh., als albanische Flüchtlinge aus Mistras sich hier niederließen. Weil der karge Boden nichts hergab, stiegen sie ins Geschäft mit der Seefahrt ein. Durch den Handel mit Russland und Westeuropa – in der Piraterie geübt, durchbrachen sie die von England über Frankreich verhängte Kontinentalsperre – wurden die Bewohner von Hydra schließlich so reich, dass sie gelegentlich zentnerweise Goldmünzen als Schiffsballast benutzten.

1821 sollen 30 000 Menschen auf Hydra gelebt haben, die Flotte soll fast 200 Schiffe stark gewesen sein. Damals erwarben sich die hydriotischen Reeder und Kapitäne höchsten Ruhm, der sie wirtschaftlich zwar in den Ruin führte, aber in der griechischen Bevölkerung bis heute unvergessen ist: Sie übernahmen die gesamten Kosten des Seekriegs gegen die Türken und rüsteten ihre Schoner zu Kriegsschiffen um. Unter den Admirälen taten sich die Brüder Tombasis, Tsamados, Voulgaris, Kountouriotis und der Oberkommandierende Andreas Miaoulis besonders hervor. Ihre Nachfahren spielten später in der Politik eine große Rolle.

Blick auf Hydra-Stadt

Heute leben nur noch 3000 Menschen auf Hydra, fast alle in der gleichnamigen Hafenstadt, einem Ort von ganz eigenem Zauber. Die wie die Sitzreihen eines Amphitheaters den Hafen hochkletternden Häuser der einst so sagenhaft reichen Reeder und Kapitäne können leider nicht mehr besichtigt werden, und das strenge Grau ihrer Natursteinfassaden lässt nichts von der prachtvollen Innenausstattung ahnen, für die einst Künstler aus ganz Europa herangezogen wurden.

Einen guten Eindruck von dieser Zeit gibt den Besuchern allerdings das Historische und Volkskundliche Museum auf der linken Seite des Hafens.

Anfang der sechziger Jahre entdeckten Künstler, Intellektuelle und sonstige Prominente die Insel. Reiche Athener kauften sich hier Häuser, und Ausländer wie der Popsänger Leonard Cohen machten das Inselkleinod zu ihrer zweiten Heimat. Edelboutiquen und Galerien, Bars und Restaurants entstanden quasi über Nacht. Das Stadtbild von Hydra ist geblieben, wie es war – dies ist das alleinige Verdienst der Denkmalschützer, die mit Argusaugen über jede architektonische Veränderung gewacht haben. Und noch ein Plus der Insel: Hydra ist komplett autofrei.

*Spetsä

Die Insel Spetsä, am Eingang in den Argolischen Golf gelegen, taucht zur selben Zeit wie Hydra in der Geschichte auf. Beide Inseln beteiligten sich als erste an der nationalen Erhebung gegen die Türkenherrschaft. Ebenso wie Hydra hatte auch Spetsä nach dem Befreiungskrieg seine wirtschaftliche Basis – Schifffahrt und Welthandel – verloren.

Heute lebt die Bevölkerung der Insel vom Fremdenverkehr. Spetsä hat mehrere gute Strände und bietet die Möglichkeit zu Ausflügen auf den nahen Peloponnes. An die Seefahrertradition erinnert das **Marinemuseum** im Herrenhaus der Familie Mexis, einer Reederfamilie.

Die unvergessene Bouboulina

Ebenso wie die Insel Hydra brachte auch Spetsä im 18. Jh. »Heroen des Meeres« hervor, wagemutige Seefahrer, die auf den Weltmeeren Handel trieben und besonders zur Zeit der Kontinentalsperre riesige Vermögen anhäuften. Nachdem sie sich anfangs prächtige Villen gebaut und im Luxus geschwelgt hatten, zögerten sie nicht, ihren ganzen Reichtum für die Freiheit Griechenlands einzusetzen, als am 25. März 1821 das Signal zur nationalen Erhebung gegeben wurde. Noch bevor sich die Schiffseigner und Kapitäne von Hydra in die Kämpfe zur See einschalteten, erhob sich Spetsä als erste Insel gegen die Türken. Die Anführerin war eine Frau, die schon in den Jahren zuvor in geschäftlichen Verhandlungen mit den türkischen Herrschern Courage und Geschick bewiesen hatte: die zweimalige Witwe Lascalina Bouboulina. Die ebenso schöne wie tapfere Frau und mehrfache Mutter übernahm das Kommando der spetsiotischen Kriegsflotte und kämpfte auf ihrem Flaggschiff »Agamemnon« wie ein Mann, bis sie gefangen genommen wurde.

Eine andere Geschichte erzählt, dass die türkische Flotte eines Tages vor der Insel kreuzte, als die Männer gerade abwesend waren. Lascalina hieß die Frauen alle Feze zusammentragen, derer sie habhaft werden konnten, und sie den an der Küste wachsenden Asphodeluspflanzen aufsetzen. Die Türken hielten die im Winde schwankenden Rohre mit den roten Kappen für Soldaten und machten sofort kehrt.

Karte Seite 94

Die Lokalheldin Lascalina Bouboulina (s. S. 97) ehrt je einem Denkmal vor dem klassizistischen Anargyros-Haus und vor dem »Posidonion-Hotel«. Das Herrenhaus der Bouboulina ist seit 1991 Museum.

Die Apollonküste, Sounion und Lavrio

Die 68 km lange Küste von Athen bis zum Kap Sounion, die Apollonküste, erreicht man ab Sintagmaplatz über den Leoforos Vouliagmenis und die Küstenstraße. Neu ist die Tram, die entlang der Küste von Neo Faliro über Glifada nach Voula fährt.

Nach **Glifada** fährt man heute entweder zum Einkaufen in einem der exklusiven Einkaufszentren, zum Essen (z. B. im »Bayerischen Bierhaus«), zum Bummeln auf der Strandpromenade oder zum Golfspielen, denn hier befindet sich einer der wenigen Golfplätze Griechenlands (18-Loch-Platz mit Restaurant; Tel. 21 08 94 68 20).

Die Strände in Stadtnähe, von Faliro bis Glifada, sind wenig einladend. Zum Baden zu empfehlen sind die Strände ab Kavouri/Vouliagmeni bzw. hinter Varkiza, wo der schönste Küstenabschnitt beginnt.

11 Südlich von Glifada lockt als Ausflugsziel der Nobelvorort **Vouliagmeni,** den man bequem mit der Küstentrambahn bis Voula (plus kurzer Taxifahrt) erreicht. Auch die Athener schätzen Vouliagmeni, sie stürmen am Wochenende die vielen guten Restaurants und abends die Bars und Clubs ebenso wie den reizvollen Vouliagmeni-See und die badefreundlichen Strände. Wer Vouliagmeni als Standort am Strand wählt, findet gute Hotels (vgl. S. 31).

Sonnenanbeter an der Apollonküste

Die Fernsicht vom **Kap Sounion** (67 km von Athen) hat schon Fürst Pückler-Muskau 1840 gerühmt. In erster Linie wird Sounion wegen des ****Poseidontempels** besucht. Er wurde um 440 v. Chr., etwa gleichzeitig mit dem Parthenon, erbaut. Von den ursprünglich 34 dorischen Säulen blieben zwölf stehen; vier weitere wurden wieder aufgerichtet. Eine Eigenheit der Säulen sind die nur 16 Kannelüren (statt der sonst üblichen 20). Dadurch sollten sie dem salzhaltigen Meereswind besser standhalten. Der Tempel war schon im 18. und 19. Jh. ein beliebtes Ziel europäischer Bildungsreisender. Viele von ihnen haben ihre Namen in die Säulen geritzt, darunter Lord Byron.

Lavrio, die Hafenstadt an der Ostküste, sollte aufsuchen, wer sich für Industriedenkmäler interessiert. Ihr Silberbergwerk legte die Basis für den Reichtum des perikleischen Athen. Man nimmt an, dass ungefähr 15 000 Sklaven in den Bergwerken schufteten, und zwar unter grausamsten Bedingungen. Die Schächte waren so niedrig, dass die Sklaven gebückt arbeiten mussten; viele kamen elend um. Im 19. Jh. wurde der Betrieb wieder aufgenommen, 1977 endgültig eingestellt. Das Städtchen strahlt noch die alte Atmosphäre aus.

Infos von A–Z

Ärztliche Versorgung

Die Versorgung mit Ärzten und Kliniken in Athen ist gut. Arzt heißt auf Griechisch »iatros«, Zahnarzt »odontoiatros«. In den größeren Orten gibt es staatliche Ambulanzstationen (»Health Center«). Krankenhäuser heißen »nosokomio«.

Pflichtversicherte haben mit der EU-Krankenversicherungskarte Anrecht auf kostenlose Behandlung bei den Vertragsärzten der staatlichen griechischen Sozialversicherung IKA haben. Die Prozedur ist umständlich, eine Auslandskrankenversicherung daher ratsam. Privatärzte (viele Ärzte sprechen Deutsch; s. a. Anzeigen und Liste in der »Athener Zeitung«) werden bar bezahlt. Gegen Vorlage der Rechnung erstatten die privaten Krankenkassen bzw. die Reisekrankenversicherung die Kosten.

Apotheken

Apotheke heißt auf griechisch *farmakio*. Man erkennt sie am roten oder grünen Malteserkreuz. Neben griechischen werden auch deutsche Medikamente verkauft. Über Bereitschaftsdienste informieren Aushänge. Viele Medikamente wie z.B. Aspirin sind in Griechenland wesentlich billiger als in Deutschland.

Autofahren

Wer das Auto dabei hat, braucht nur den nationalen Führerschein. Man benötigt zwar die grüne Versicherungskarte nicht mehr, es ist aber ratsam, sie mitzunehmen. In Griechenland herrscht Anschnallpflicht. Die Höchstgeschwindigkeit in Ortschaften beträgt 50 km/h, auf Landstraßen 80 km/h. Die Promillegrenze liegt bei 0,25, und in den letzten Jahren geht die Polizei vermehrt gegen Alkoholsünder vor. Parkplätze in Athen sind rar, Falschparken kommt extrem teuer.

Vorsicht ist im Kreisverkehr geboten. Oft herrscht hier – wenn nicht anders beschildert – rechts vor links, d. h. in den Kreisel einfahrende Autos haben Vorfahrt.

Diplomatische Vertretungen

- **Deutsche Botschaft:**
Odos Karaoli kä Dimitriou 3,
Tel. 21 07 28 51 11, Fax 21 07 25 12 05;
www.athen.diplo.de.
- **Österreichische Botschaft:**
Leoforos Vas. Sofias 4,
Tel. 21 07 25 72 70,
Fax 21 07 25 72 92; www.bmaa.gv.at.
- **Schweizer Botschaft:**
Odos Iassiou 2, Tel. 21 07 23 03 64,
Fax 21 07 24 92 09;
www.eda.admin.ch/athens.

Einreisepapiere

Für Deutsche, Schweizer und Österreicher genügt der gültige Pass, Personalausweis bzw. die Identitätskarte.

Feiertage

Siehe Seite 26.

FKK

Schon »Oben ohne« ist außer an ausgewiesenen Stränden verboten. Trotzdem lassen viele Touristen ihre Hüllen fallen. Das wirkt besonders auf viele Griechinnen beschämend.

Geld und Devisen

Die gängigen internationalen Kreditkarten werden von den meisten Hotels, Restaurants, Geschäften und Banken akzeptiert. An Geldautomaten kann man mit der Bankkarte Geld abheben.

Mit der Postbank-SparCard erhält man an Visa-Plus-Automaten Geld rund um die Uhr, nur vom Postsparbuch kann man in Griechenland kein Geld abheben.

Haustiere

Hunde und Katzen müssen seit Oktober 2004 mit einem Mikrochip oder einer Tätowierung markiert sein und benötigen einen EU-Heimtierausweis, den jede Tierarztpraxis ausstellt.

Besonders Hunde kann man nicht so ohne weiteres in jedes Hotel mitnehmen. Sie sollten sich vorher erkundigen, ob die Mitnahme von Haustieren gestattet ist.

Information

Auskünfte über Griechenland-Reisen erteilt die **Griechische Zentrale für Fremdenverkehr** (EOT – Ellinikos Organismos Tourismou):

in Deutschland:

- Wittenbergplatz 3a, 10789 Berlin, Tel. 0 30/2 17 62 62, Fax 21 77 965;
- Neue Mainzer Str. 22, 60311 Frankfurt/M., Tel. 0 69/2 57 82 70, Fax -29, info@gzf-eot.de;
- Neuer Wall 18, 20354 Hamburg, Tel. 0 40/45 44 98, Fax 45 44 04;
- Pacellistr. 2, 80333 München, Tel. 0 89/22 20 35, Fax 29 70 58, www.griechenlandinformation.de

in Österreich:

Opernring 8, 1010 Wien, Tel. 01/5 12 53 17, Fax 5 13 91 89.

in der Schweiz:

Löwenstr. 25, 8001 Zürich, Tel. 01/2 21 01 05, Fax 2 12 05 16.

Auskunftsbüro der EOT in Athen:

- Zentrale: Tsoha 7, 11521 Athen, Tel. 21 08 70 70 83, E-Mail: info@gnto.gr; www.gnto.gr.
- Infobüro: Amalias 26 A (Sintagma), Tel. 21 03 31 03 92.
- Ein weiteres Infobüro gibt es am Flughafen, Tel. 21 03 53 04 48.

Informationen im Internet: www.hellasproducts.com (Deutsch), www.gtp.gr (Engl., auch aktuelle Fahrpläne) und www.griechenland.de (Deutsch). Aktuelles aus Politik, Wirtschaft, Kultur und Tourismus gibt es über die Homepage der Athener Zeitung (www.athener-zeitung.com).

Institutionen

- **Deutsches Archäologisches Institut:** Fidiou 1, Tel. 21 03 30 74 00.
- **Goethe-Institut:** Omirou 14–16, Tel. 21 03 66 10 00. Über Veranstaltungen informiert die »Athener Zeitung«.
- **Österreichisches Archäologisches Institut,** Leoforos Alexandras 26, Tel. 21 08 21 37 08.
- **Schweizer Archäologische Schule,** Skaramanga 4b, Tel. 21 08 21 44 99.

Internet

In allen Städten und Touristenorten gibt es Internetcafés, in denen man seine E-Mails abrufen kann.

Netzspannung

Normalerweise 220 Volt Wechselstrom, selten ist ein Adapter nötig.

Notruf

- Erste Hilfe: Tel. 166
- S.O.S.: Tel. 112
- Feuerwehr: Tel. 199
- Notruf (Polizei): Tel. 100
- Touristenpolizei: Tel. 171
- Deutschsprachiger ADAC-Notrufservice: Tel. 21 09 60 12 66 (9–17 Uhr)
- Rotes Kreuz/Ambulanz: Tel. 150
- Pannenhilfe (ELPA): Tel. 104 00

Öffnungszeiten

Geschäfte und Kaufhäuser sind Mo, Mi und Sa 8.30–15, Di, Do und Fr 8.30–13.30 und 17.00–20.30 Uhr geöffnet, Supermärkte meist durchgehend 9–20 oder 21 Uhr. Die Schalterstunden der Banken sind Mo–Do

8–14, Fr 8–13.30 Uhr. Die Nationalbank am Sintagmaplatz hat Sa 9–15, So 9–13 Uhr geöffnet, die Banken am Flughafen rund um die Uhr.

Museen und archäologische Stätten haben oft montags zu, manche auch dienstags, private Museen meist sonntags. Da sich die Öffnungszeiten häufig ändern, und auch in den Sommermonaten anders sind als im Winter, sollte man sich vor jedem Museumsbesuch informieren.

Post

Postämter sind Mo–Fr 7.30–14.30 Uhr geöffnet. Die zentralen Postämter am Sintagmaplatz, Omoniaplatz (Eoloustraße 100) und das in der Mitropoleos 60 schließen Mo–Sa um 20.30 Uhr, das am Sintagmaplatz ist zudem So bis 13.30 Uhr geöffnet.

Sicherheit

Verglichen mit allen anderen europäischen Ländern gilt Griechenland als sicher und steht ganz am Ende der Kriminalitätsskala. Nahezu ohne Gewalt und Obdachlosigkeit ist auch die Millionenstadt Athen. Überfälle sind eine Seltenheit; Handtaschendiebstähle haben jedoch zugenommen.

Telefonieren

Ins Ausland telefoniert man am besten von Kartentelefonzellen. Telefonkarten *(Tilekarta)* gibt es an Kiosken oder bei der Telefongesellschaft OTE, die in größeren Orten Büros unterhält. Billiger wird Telefonieren nach 22 Uhr. Übrigens: Griechische Telefonnummern ändern sich oft (Auskunft: 131).

Das Handy bucht sich automatisch in das jeweilige Netz (Panafon/ Vodafone, Cosmote, Telestet Hellas) ein. Informationen zu Roaming-Gebühren: www.teltarif.de/mobil.

Internationale Vorwahlnummern:

- Deutschland ist 00 49
- Österreich 00 43
- Schweiz 00 41
- Griechenland 00 30, dann folgt die zehnstellige Rufnummer.

Toiletten

Wegen häufig zu enger Abflussrohre bzw. fehlender Kanalisation wirft man Toilettenpapier nicht ins WC, sondern in den daneben stehenden Eimer. Damentoiletten heißen ΓΥΝΑΙΚΩΝ, Herrentoiletten ΑΝΔΡΩΝ.

Trinkgeld

Trotz der Inklusivpreise sind in Restaurants 10 % des Rechnungsbetrags üblich. Zimmermädchen erhalten pro Tag etwa einen Euro, bei Taxifahrten rundet man den Fahrpreis auf.

Zeitungen

Deutsche Zeitungen und Zeitschriften sind an den Kiosken am Sintagmaplatz meist schon am Erscheinungstag erhältlich. Informationen auf Deutsch bietet auch die »Athener Zeitung«; www.athener-zeitung.gr.

Zeit

In Griechenland gilt die osteuropäische Zeit (OEZ), die der MEZ ganzjährig um eine Stunde voraus ist.

Zoll

Touristen aus EU-Ländern können Gegenstände für den persönlichen Bedarf und Geschenke in angemessenem Rahmen zollfrei ein und ausführen. Für Schweizer (ab 17 Jahren) gelten folgende Freimengen: 200 Zigaretten oder 50 Zigarren, 2 l alkoholische Getränke bis 15% Vol.und 1 l über 15% Vol.,sowie Waren und Geschenke bis max 300 CHF.

Ein Ausfuhrverbot gilt für alles Antike und für griechischen Ikonen, die älter als 50 Jahre sind.

Langenscheidt Mini-Dolmetscher Griechisch

Allgemeines

Guten Morgen.	Καλημέρα. [kali**me**ra]
Guten Tag.	Χαίρετε. [**che**rete]
Guten Abend.	Καλησπέρα. [kali**spe**ra]
Hallo! (du)	Γειά σου! [**ja**‿ßu]
Hallo! (Siezen und Plural)	Γειά σας! [**ja**‿ßas]
Wie geht es dir?	Τι κάνεις; [ti **ka**nis]
Wie geht es Ihnen / euch?	Τι κάνετε; [ti **ka**nete]
Danke, gut.	Καλά ευχαριστώ. [ka**la** efcharis**to**]
Ich heiße ...	Λέγομαι ... [**le**gome]
Auf Wiedersehen.	Αντίο. [an**di**o]
Morgen	πρωί [pro·**i**]
Nachmittag	απόγευμα [a**po**jewma]
Abend	βράδυ [**wra**ði]
Nacht	νύχτα [**nich**ta]
morgen	αύριο [**aw**rio]
heute	σήμερα [**ßi**mera]
gestern	χτες [chtes]
Sprechen Sie Deutsch / Englisch?	Μιλάτε γερμανικά / αγγλικά; [mi**la**te jermani**ka** / angli**ka**]
Wie bitte?	Ορίστε; [o**ri**ste]
Ich verstehe nicht.	Δεν καταλαβαίνω. [ðen katala**we**no]
Sagen Sie es bitte nochmals.	Ξαναπείτε το, παρακαλώ. [ksana**pi**te to paraka**lo**]
..., bitte	..., παρακαλώ [paraka**lo**]
danke	ευχαριστώ [efcharis**to**]
Keine Ursache.	Τίποτε. [**ti**pote]
was / wer	τι / ποιος [ti / pjos]
wo / wohin	πού [pu]
wie / wie viel	πως / πόσο [pos / **po**ßo]
wann / wie lange	πότε / πόση ώρα [**po**te / **po**ßi **o**ra]
Wie heißt das?	Πως λέγεται αυτό; [pos **le**jete af**to**]
Wo ist ...?	Πού είναι ...; [pu **i**ne]
Können Sie mir helfen?	Μπορείτε να με βοηθήσετε; [bo**ri**te na me wo·i**θi**ßete]
ja	ναι [ne]
nein	όχι [**o**chi]
Entschuldigen Sie.	Με συγχωρείτε. [me ßingcho**ri**te]
Das macht nichts.	Δεν πειράζει. [ðen pi**ra**si]

Sightseeing

Gibt es hier eine Touristeninformation?	Υπάρχει τουριστικό γραφείο εδώ; [i**par**chi turisti**ko** gra**fi**o e**ðo**]
Haben Sie einen Stadtplan / ein Hotelverzeichnis?	Έχετε ένα χάρτη της πόλης / έναν κατάλογο ξενοδοχείων; [**e**chete **e**na **char**ti tis **po**lis / **e**nan ka**ta**logo ksenoðo**chi**on]
Wann ist das Museum / die Kirche / der Tempel geöffnet?	Πότε είναι ανοιχτό το μουσείο / ανοιχτή η εκκλησία / ανοιχτός ο ναός; [**po**te **i**ne anich**to** to mu**ßi**o / anich**ti** i ekli**ßi**a / anich**tos** o na·**os**]
Wann wird geschlossen?	Πότε θα κλείσει; [**po**te θa **kli**ßi]

Shopping

Wo gibt es ...?	Πού έχει ...; [pu **e**chi]
Wie viel kostet das?	Πόσο κοστίζει αυτό; [**po**o kos**ti**si af**to**]
Das ist zu teuer.	Είναι πολύ ακριβό. [**i**ne po**li** akri**wo**]
Das gefällt mir (nicht).	Αυτό (δεν) μου αρέσει. [af**to** (ðen) mu‿a**re**ßi]
Gibt es das in einer anderen Farbe / Größe?	Υπάρχει σε άλλο χρώμα / μέγεθος; [i**par**chi ße **a**llo **chro**ma / **me**jeθos]
Ich nehme es.	Το παίρνω. [to **per**no]
Wo ist eine Bank?	Πού υπάρχει μια τράπεζα; [pu i**par**chi **mi**a **tra**pesa]
Geben Sie mir bitte 100 g (Feta-)Käse / zwei Kilo Orangen.	Παρακαλώ δώστε μου εκατό γραμμάρια τυρί (φέτα) / δύο κιλά πορτοκάλια. [paraka**lo** **do**ste mu eka**to** gra**ma**ria ti**ri** (**fe**ta) / **ði**o ki**la** porto**ka**lia]
Haben Sie deutsche Zeitungen?	Έχετε γερμανικές εφημερίδες; [**e**chete jermani**kes** efime**ri**ðes]
Wo kann ich telefonieren / eine Telefonkarte kaufen?	Πού μπορώ να τηλεφωνήσω / να αγοράσω τηλεκάρτα; [pu bo**ro** na tilefo**ni**ßo / na ago**ra**ßo tile**kar**ta]

Notfälle

Ich brauche einen Arzt / Zahnarzt.	Χρειάζομαι ένα γιατρό / έναν οδοντίατρο. [chri**a**some **e**na ja**tro** / **e**nan‿oðon**di**atro]
Rufen Sie bitte einen Krankenwagen / die Polizei.	Παρακαλώ καλέστε τις πρώτες βοήθειες / την αστυνομία. [paraka**lo** ka**le**ste tis **pro**tes wo**i**θies / tin‿astino**mi**a]

Wir hatten einen Unfall.	Είχαμε ένα ατύχημα. [ichame ena atichima]
Wo ist das nächste Polizeirevier?	Πού είναι το κοντινότερο αστυνομικό τμήμα; [pu ine to kondinotero astinomiko tmima]
Ich bin bestohlen worden.	Με κλέψανε. [me klepsane]
Mein Auto ist aufgebrochen worden.	Διέρρηξαν το αυτοκίνητό μου. [ðieriksan to aftokinito‿mu]

Essen und Trinken

Die Speisekarte, bitte.	Τον κατάλογο, παρακαλώ. [ton katalogo parakalo]
Was gibt es zu essen?	Τι φαγητά υπάρχουν; [ti fajita iparchun]
Brot	ψωμί [psomi]
Kaffee	καφές [kafes]
Tee	τσάι [tsa•i]
mit Milch / Zucker	με γάλα / ζάχαρη [me gala / sachari]
Orangensaft	χυμός πορτοκάλι [chimos / portokali]
Einen (griechischen) Kaffee, bitte.	Έναν (ελληνικό) καφέ παρακαλώ. [enan (elliniko) kafe parakalo]
Suppe	σούπα [ßupa]
Fisch	ψάρι [psari]
Meeresfrüchte	θαλασσινά [θalaßina]
Fleisch	κρέας [kreas]
Geflügel	πουλερικά [pulerika]
Beilagen	γαρνιτούρα [garnitura]
vegetarische Gerichte	χορτοφαγικά πιάτα [chortofajika pjata]
Eier	αυγά [awga]
Salat	σαλάτα [ßalata]
Dessert	επιδόρπιο [epiðorpio]
Obst	φρούτα [fruta]
Eis	παγωτό [pagoto]
Wein	κρασί [kraßi]
weiß / rot / rosé	άσπρο / κόκκινο / ροζέ [aspro / kokkino / rose]
Bier	μπύρα [bira]
Aperitif	απεριτίφ [aperitif]
Wasser	νερό [nero]
Mineralwasser	μεταλλικό νερό [metalliko nero]
mit / ohne Kohlensäure	με / χωρις ανθρακικό [me / choris anθrakiko]
Limonade	πορτοκαλάδα [portokalada]
Frühstück	πρωινό [pro•ino]
Mittagessen	μεσημεριανό φαγητό [meßimerjano fajito]
Abendessen	βραδινό φαγητό [wraðino fajito]
Ich möchte nur eine Kleinigkeit essen.	θα ήθελα να τσιμπήσω κάτι μόνο. [θa iθela na tsimbißo kati mono]
Ich möchte bezahlen.	θα ήθελα να πληρώσω. [θa iθela na pliroßo]
Es war sehr gut / nicht so gut.	Ήταν νόστιμο / Δεν ήταν τόσο νόστιμο. [itan nostimo / ðen itan toßo nostimo]

Im Hotel

Ich suche ein gutes / nicht zu teures Hotel.	Ψάχνω ένα καλό / όχι πολύ ακριβό ξενοδοχείο. [psachno ena kalo / ochi poli akriwo ksenoðochio]
Ich habe ein Zimmer reserviert.	Έχω κλείσει δωμάτιο. [echo klißi ðomatio]
Ich suche ein Zimmer für ... Personen.	Ψάχνω ένα δωμάτιο για ... άτομα. [psachno ena ðomatio ja ... atoma]
Mit Dusche und Toilette.	Με ντους και τουαλέτα. [me dus kje tualeta]
Mit Balkon / Blick aufs Meer.	Με μπαλκόνι / θέα στη θάλασσα. [me balkoni / θea sti θalaßa]
Wie viel kostet das Zimmer pro Nacht?	Πόσο κοστίζει το δωμάτιο τη βραδιά; [poßo kostisi to ðomatio ti wraðja]
Mit Frühstück.	Με πρωινό; [me pro•ino]
Kann ich das Zimmer sehen?	Μπορώ να δω το δωμάτιο; [boro na ðo to ðomatio]
Haben Sie ein anderes Zimmer?	Έχετε και άλλο δωμάτιο; [echete kje allo ðomatio]
Das Zimmer gefällt mir (nicht).	Το δωμάτιο (δεν) μου αρέσει. [to ðomatio (ðen) mu‿areßi]
Kann ich mit Kreditkarte bezahlen?	Μπορώ να πληρώσω με πιστωτική κάρτα; [boro na pliroßo me pistotiki karta]
Wo kann ich parken?	Πού μπορώ να παρκάρω; [pu boro na parkaro]
Können Sie das Gepäck in mein Zimmer bringen?	Μπορείτε να μου φέρετε τις αποσκευές στο δωμάτιο; [borite na mu ferete tis aposkewes sto ðomatio]
Haben Sie einen Platz für ein Zelt / einen Wohnwagen / ein Wohnmobil?	Έχετε μία θέση για μία σκηνή / ένα τροχόσπιτο / ένα κάραβαν; [echete mia θeßi ja mia skini / ena trochospito / ena karawan]
Wir brauchen Strom / Wasser.	Χρειαζόμαστε ρεύμα / νερό. [chriasomaste rewma / nero]

Orts- und Sachregister

Personenregister

Urlaubskasse

Tasse Kaffee (Frappee)	2,50 €
Softdrink	2 €
Glas Bier	2,50 €
Gyros Pita	2,50 €
Kugel Eis	1 €
Taxifahrt (Kurzstrecke bis 10 km)	11 €
Mietwagen/Tag	30 €
1 l Superbenzin	0,95 €

www.polyglott.de

travelchannel.de
tested for happiness

Polyglott im Internet: www.polyglott.de,
im travelchannel unter www.travelchannel.de

Alle Informationen stammen aus zuverlässigen Quellen und wurden sorgfältig geprüft. Für ihre Vollständigkeit und Richtigkeit können wir jedoch keine Haftung übernehmen.
Ergänzende Anregungen bitten wir zu richten an:
Polyglott Verlag, Redaktion, Postfach 40 11 20, 80711 München.
E-Mail: redaktion@polyglott.de

Impressum

Herausgeber: Polyglott-Redaktion
Autorin: Frauke Burian
Lektorat: Martin Pristl
Aktualisierung: Manuela Blisse, Uwe Lehmann
Layout: Ute Weber, Geretsried
Titelkonzept-Design: Studio Schübel Werbeagentur GmbH, München
Satz Special: Carmen Marchwinski, München
Karten und Pläne: Thomas Willmann
Satz: Schulz Bild + Text, Dagebüll

Erste Auflage 2005/2006

Printed in Germany
ISBN 3-493-56744-8
Dieses Buch wurde auf chlorfrei gebleichtem Papier gedruckt.

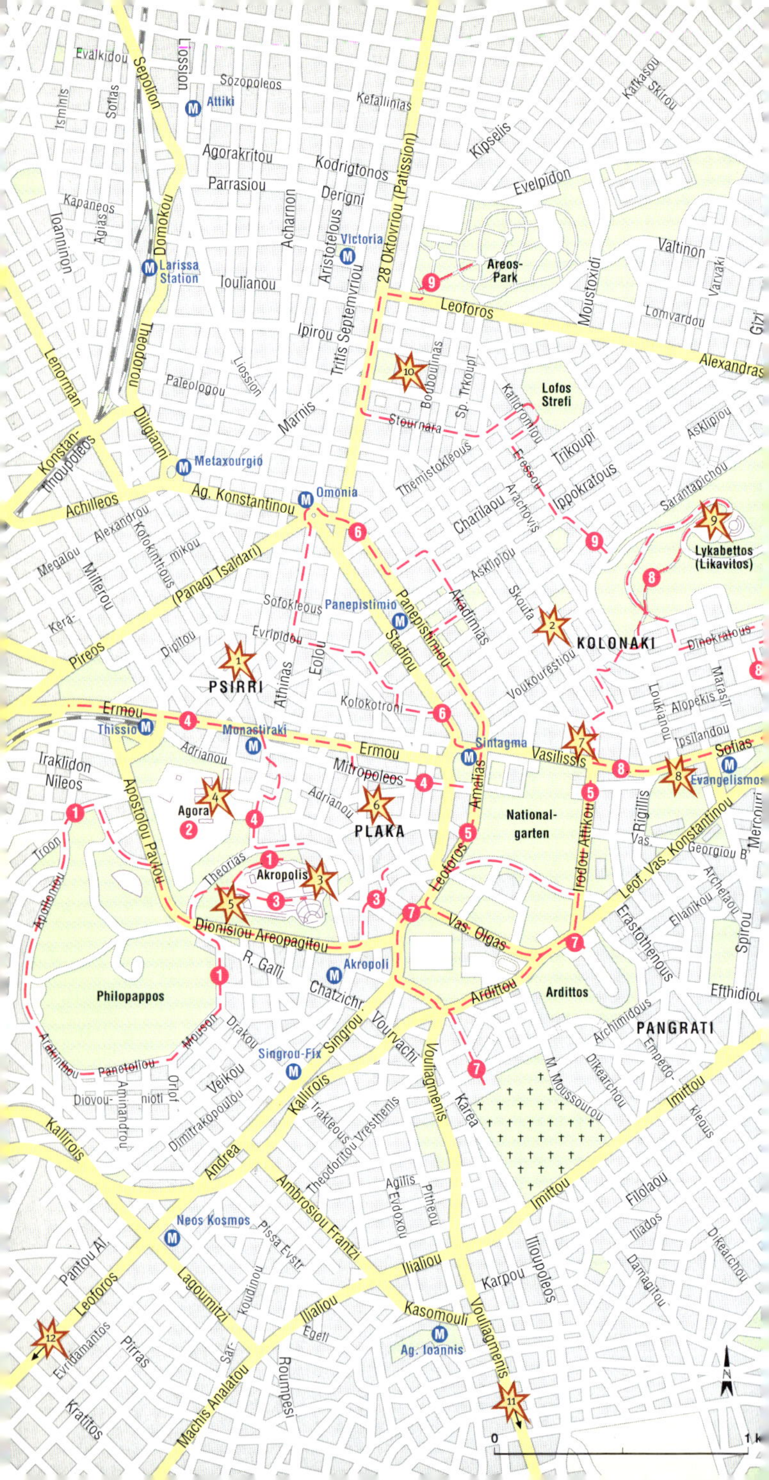
Evalkidou
Sepolion
Liossion
Sozopoleos
Attiki
Kefallinias
Isminis
Sofias
Kafkasou
Skirou
Kipselis
Agorakritou
Kodrigtonos
Parrasiou
Derigni
Evelpidon
Kapaneos
Agias
Ioanninon
Domokou
Acharnon
Aristotelous
Victoria
28 Oktovriou (Patission)
Valtinon
Larissa Station
Ioulianou
Areos-Park
Moustoxidi
Varvaki
Leoforos
Lomvardou
Gizi
Theodorou
Ipirou
Tritis Septemvriou
Alexandras
Lenormant
Liossion
Paleologou
Boubolinas
Sp. Trikoupi
Lofos Strefi
Kallidromiou
Diligianni
Marnis
Stournara
Asklipiou
Konstantinoupoleos
Themistokleous
Fressou
Trikoupi
Metaxourgio
Ippokratous
Sarantapichou
Omonia
Charilaou
Arachovis
Achilleos
Ag. Konstantinou
Alexandrou
Kotokinthous
mikou
Megalou
Millerou
(Panagi Tsaldari)
Asklipiou
Lykabettos (Likavitos)
Sofokleous
Panepistimio
Akadimias
Skoufa
Kera-
Pireos
Dipilou
Evripidou
Panepistimiou
Stadiou
Eolou
Athinas
KOLONAKI
Dinokratous
PSIRRI
Voukourestiou
Marasli
Loukianou
Alopekis
Kolokotroni
Ermou
Thissio
Monastiraki
Ermou
Sintagma
Vasilissis
Ipsilandou
Sofias
Traklidon
Adrianou
Mitropoleos
Evangelismos
Nileos
Apostolou Pavlou
Agora
Adrianou
PLAKA
Amalias
National-garten
Irodou Attikou
Rigillis
Vas.
Georgiou B'
Mercouri
Troon
Leoforos
Leof. Vas. Konstantinou
Archelaou
Apollonou
Theorias
Akropolis
Erastothenous
Ellanikou
Spirou
Dionisiou Areopagitou
Vas. Olgas
R. Galli
Akropoli
Chatzichr.
Ardittou
Arditos
Efthidiou
Philopappos
Archimidous
PANGRATI
Empedo-
Vourvachi
Singrou
Mousou
Drakou
Arakinthou
Panetoliou
Singrou-Fix
Voulagmenis
M. Moussourou
Dikearchou
Karea
Aminandrou
Oriot
Diovou-
nioti
Veikou
Kallirois
Dimitrakopoulou
Trakteous
Theodoritou Vresthenis
Imittou
Kleous
Kallirois
Andrea
Ambrosiou Frantzi
Agilis
Evdoxou
Pitheou
Filolaou
Imittou
Iliados
Dikearchou
Neos Kosmos
Pissa Evstr.
Iliaiou
Damagitou
Pantou Al.
Koudinou
Karpou
Ilioupoleos
Leoforos
Lagoumitzi
Iliaiou
Kasomouli
Egeli
Ag. Ioannis
Sar.
Evridamantos
Pirras
Roumpesi
Voulagmenis
Machis Analatou
Kratitos
0
1 km